MONIKA JUDÄ

GOOD BYE ALZHEIMER

Mit der richtigen Ernährung Alzheimer erfolgreich vorbeugen und lindern

Mit 55 Rezepten

CHRISTIAN

INHALT

EINFÜHRUNG

DIE REZEPTE

Frühstücksideen

Suppen

Salate

Kleine Gerichte

Hauptgerichte mit Fleisch und Fisch

Vegetarische Hauptgerichte

Desserts

ANHANG

DIE ANGST VOR DEM VERGESSEN

Irren ist menschlich, vergesslich sein auch. Einen Termin verschwitzen? Den Schlüssel nicht mehr finden? Grübeln, welcher Name zu dem bekannten Gesicht gehört? Das hat jeder schon einmal erlebt. Gelegentliche Vergesslichkeit ist etwas völlig Normales und von Demenz weit entfernt. Selbst wenn die »Schusseligkeit« eine Zeitlang recht ausgeprägt ist, können die Ursachen ganz woanders liegen. Manchmal ist Vergesslichkeit aber tatsächlich eines der ersten Symptome einer beginnenden Alzheimer-Erkrankung, dieser immer noch rätselhaften Krankheit, die Nervenzellen absterben lässt, das Gedächtnis löscht und die Persönlichkeit verändert. Im alltäglichen Sprachgebrauch werden die Begriffe Demenz und Alzheimer oft synonym verwendet. Doch Demenz ist ein Oberbegriff für rund 50 verschiedene sogenannte neurodegenerative Erkrankungen, bei denen die Gehirnleistung nach und nach abnimmt. Die Alzheimer-Demenz, auch Morbus Alzheimer oder oft nur kurz Alzheimer genannt, ist die häufigste Form von Demenz.

Benannt wurde sie nach dem deutschen Nervenarzt Alois Alzheimer, der sie Anfang des 20. Jahrhunderts zum ersten Mal wissenschaftlich beschrieben hat. In Deutschland sind etwa 1,7 Millionen Menschen demenzkrank, und wenn kein Durchbruch in Prävention und Therapie gelingt, wird, so schätzen Experten, die Zahl der Erkrankten in den nächsten 30 Jahren auf etwa 3 Millionen steigen. Rund zwei Drittel aller Demenzkranken sind Alzheimer-Patienten, der größte Teil ist über 65 Jahre alt. Während es bis zum 70. Lebensjahr etwa jeden Hundertsten trifft, leidet unter den über 90-Jährigen beinahe schon jeder Dritte an Alzheimer. Trotz intensiver Forschung ist die Krankheit noch nicht heilbar, doch gibt es Möglichkeiten, sie zu bremsen: mit Medikamenten – und mit Ihrem Einsatz. Nachweislich kann eine gesunde Lebensweise und Ernährung bei beginnender Erkrankung den weiteren Verlauf positiv beeinflussen, aber Sie können mit einer vernünftigen Lebensführung auch schon vorbeugend eine ganze Menge tun, damit Alzheimer gar nicht erst auftritt. Sie selbst haben es in der Hand, wie gut es Ihnen im Alter geht!

BASISWISSEN ALZHEIMER

Zu Recht macht die Krankheit Angst, denn der Lebensabend eines Alzheimer-Patienten ist beschwerlich. Nach und nach gleitet er in eine kaum mehr zu bewältigende Welt ab, wird zunehmend vergesslich, verwirrt und orientierungslos. Selbst im Grunde einfache Dinge wie das Einkaufen werden plötzlich kompliziert oder gar gefährlich – unter Umständen vergisst der Patient, warum er das Haus verlassen hat oder findet den Heimweg nicht mehr. Im weiteren Verlauf der in mehreren Phasen voranschreitenden Erkrankung bleiben selbst Ereignisse aus der jüngsten Vergangenheit nicht mehr im Gedächtnis, bis schließlich im Endstadium die Kranken weder ihre engsten Angehörigen und Freunde erkennen, noch sich an ihre eigene Identität erinnern.

Typische Symptome

- Gedächtnisstörungen
- Sprachstörungen
- Verlust von kognitiven Fähigkeiten (Entscheidungsfindung, Problemlösung, Kreativität)
- Wahrnehmungsstörungen
- Probleme bei der örtlichen und zeitlichen Orientierung
- zunehmende Probleme bei der Alltagsbewältigung

Ein noch ungelöstes Rätsel

Nachdenken, Entscheidungen treffen, Probleme lösen, lernen, sich erinnern – das menschliche Gehirn ist dank eines komplexen Netzwerks aus über 100 Milliarden Nervenzellen erstaunlich leistungsfähig. Die Aufgabe dieser sogenannten Neuronen (Nervenzellen) besteht darin, Signale weiterzuleiten. Bei der Alzheimer-Krankheit sterben nach und nach immer mehr Nervenzellen ab, sodass die geistige Leistungsfähigkeit zunehmend verkümmert. Besonders schlimm ist, dass einmal verloren gegangene Nervenzellen nicht wieder ersetzt werden können.

Die Ursachen für Alzheimer sind trotz intensiver Forschung noch nicht restlos geklärt. Erbanlagen spielen bei dieser Krankheit nur in seltenen Fällen eine Rolle, allerdings gibt es eine ganze Reihe von Risikofaktoren, die mit Alzheimer in Verbindung gebracht werden (siehe Seite 8). Gesichert ist bisher, dass zwei eiweißhaltige Ablagerungen charakteristisch für die Alzheimer-Krankheit sind: sogenannte Beta-Amyloid-Plaques und Tau-Fibrillen. Beide Eiweißablagerungen stören die Kommunikation in und zwischen den Nervenzellen, sodass diese im Laufe der Jahre absterben. Davon betroffen sind die Regionen im Gehirn, die für das Erinnerungsvermögen, das Denken, die Sprache und die Orientierung zuständig sind.

Gesundes Leben, gesunder Geist

Alzheimer schlummert lange unentdeckt im Gehirn. Es kann bis zu 30 Jahre dauern, ehe die ersten Symptome auftreten. Daher ist es so wichtig, schon in jungen Jahren auf seine Lebensweise und Ernährung zu achten, um das Bestmögliche für Körper und Geist zu tun. Zahlreiche Studien belegen, dass eine gesunde Lebensführung das Erkrankungsrisiko für Alzheimer senkt bzw. eine bestehende Krankheit positiv beeinflusst. Dazu zählt die körperliche, geistige und soziale Aktivität ebenso wie eine kalorienarme, ausgewogene Ernährung – am besten schon von Kindesbeinen an. Der Zusammenhang zwischen Ernährung und Demenz ist mittlerweile unbestritten, wobei eine gesunde Kost gleich in zweifacher Hinsicht wichtig ist: Sie versorgt und schützt nicht nur das Gehirn, sondern wirkt zugleich korrigierend auf etliche Volkskrankheiten wie Bluthochdruck oder Diabetes, die als Risikofaktoren für eine Alzheimer-Erkrankung gelten.

Alzheimer-Risikofaktoren

- Alter
- Nikotin
- Alkohol
- Übergewicht
- Bluthochdruck
- erhöhte Cholesterinwerte
- unzureichend behandelter Diabetes

Alzheimer vorbeugen

Ein gesunder Geist wohnt in einem gesunden Körper: Der Spruch ist bekannt – und wahr. Vor allem zur Vorbeugung von neurodegenerativen Erkrankungen wie Alzheimer lohnt es sich, nicht nur auf ein Pferd zu setzen, sondern gleich ein ganzes Maßnahmenbündel zu ergreifen.

Fünf Punkte für Ihre Gesundheit

- ausreichend Bewegung
- geistig aktiv sein
- ein soziales Leben führen
- auf die psychische Gesundheit achten
- gesunde Ernährung

Ausreichend Bewegung: Sport verbessert die Durchblutung und die Sauerstoffversorgung des Gehirns, dadurch werden Konzentration und Gedächtnisleistung gefördert. Sie müssen aber nicht gleich zum Leistungssportler oder Mitglied im Fitnessclub werden, wenn Sie das nicht wollen. Fördern Sie die Alltagsbewegung, indem Sie öfter mal die Treppe statt den Aufzug benutzen oder Einkäufe zu Fuß erledigen. Idealerweise machen Sie zusätzlich regelmäßige Spaziergänge, gehen wandern, schwimmen oder fahren mit dem Rad – zwei- bis dreimal pro Woche eine halbe Stunde sanfter Ausdauersport bringt schon eine ganze Menge!

Geistig aktiv sein: Je mehr das Gehirn gefordert wird, umso mehr Nervenzellen werden miteinander verknüpft und desto leistungsfähiger wird das Gehirn. Trainieren Sie Ihr Gedächtnis, aber vermeiden Sie dabei Routinen! Es gibt vieles, was Spaß macht, und sicher ist auch für Sie das ein oder andere dabei: Lesen, Fremdsprachen lernen, knifflige Sudoku lösen, Spieleabende, Puzzle bauen, Musizieren ...

Ein soziales Leben führen: Gehen Sie unter die Menschen, knüpfen Sie Kontakte. Geselligkeit, Kommunikation und gemeinsame Aktivitäten sind wichtig für die Lebensfreude. Einsamkeit macht krank! Wenn Sie gerne tanzen, schlagen Sie übrigens gleich mehrere Fliegen mit einer Klappe: Sie sind sportlich aktiv, zugleich fordert die notwendige Koordination der Bewegungen den Geist – und ohne Partner geht es nicht!

Auf die psychische Gesundheit achten: Anhaltender Stress führt nicht nur zu Bluthochdruck, sondern oft auch zu Überforderungsgefühlen und drückt damit auf die Psyche. Achten Sie auf regelmäßige Entspannung, planen Sie täglich ein paar Minuten unter dem Motto »Zeit für mich« ein und tun Sie das, worauf Sie gerade Lust haben: Tee trinken, am offenen Fenster träumen, ein Bad nehmen und dabei Musik hören ... Suchen Sie bei Bedarf nach für Sie geeigneten Methoden zur Stressbewältigung, z.B. Yoga oder Meditation.

Gesunde Ernährung: Eine vollwertige, ausgewogene Kost trägt sehr viel zur geistigen Fitness bei, daher ist dem Thema Ernährung auf den folgenden Seiten ein eigenes, großes Kapitel gewidmet.

NAHRUNG FÜR DIE GRAUEN ZELLEN

Essen gegen das Vergessen? Ganz so einfach ist es leider nicht. Man kann Alzheimer nicht »wegessen«, und auch sogenanntes Brainfood ist kein Wundermittel. Doch eine gesunde Ernährung wirkt sich insgesamt positiv auf die geistige Leistungsfähigkeit aus, beugt einer Erkrankung vor bzw. verzögert deren Verlauf. »Was gut fürs Herz ist, ist auch gut fürs Gehirn« – nach diesem Motto empfehlen Fachkreise die mediterrane Küche.

Mit der frischen, fettarmen Kost des Mittelmeerraums können Sie sicher sein, dass das Gehirn alle wichtigen Nährstoffe – Kohlenhydrate, Eiweiß, Fett und Vitalstoffe – bekommt, die seine Abwehrbereitschaft stärken und die Leistungsfähigkeit erhalten. Setzen Sie auf Abwechslung und vermeiden Sie einseitige Diäten oder die Konzentration auf einige wenige Nahrungsmittel, auch wenn sie als »Gehirnnahrung« in den höchsten Tönen gelobt werden. Unterstützen Sie die positiven Effekte einer vollwertigen Ernährung durch eine ausreichende Flüssigkeitszufuhr und denken Sie daran, dass auch Bewegung und geistige Fitness Bestandteil einer gesunden Lebensweise sind.

Das Gewicht im Blick haben

Übergewicht trägt zur Entwicklung von Arteriosklerose, Bluthochdruck und Diabetes bei, die ihrerseits wiederum als Risikofaktoren für Demenzerkrankungen wie Alzheimer gelten. Korrigieren Sie, wenn nötig, so früh wie möglich Ihr Körpergewicht, wobei im Rahmen der mediterranen Ernährung die Pfunde praktisch von alleine verschwinden. Zur Gewichtsbeurteilung wird der sogenannte Body-Mass-Index (BMI) herangezogen – Internetadressen, die Ihnen bei der Berechnung und Auswertung helfen, finden Sie im Anhang auf Seite 158. Bei seiner Interpretation spielt unter anderem das Alter eine Rolle. Bei Senioren ab 65 Jahre darf der BMI zwischen 24 und 29 liegen. In diesem Bereich wird eine Gewichtsreduktion nicht empfohlen, um einer eventuellen Nährstoffmangelversorgung vorzubeugen.

MEDITERRANE KÜCHE

Pizza und Pasta fallen vielen Menschen zuerst ein, wenn von »mediterraner Küche« die Rede ist. Doch diese bei Touristen so beliebten und meistens fetttriefenden Gerichte haben mit der traditionellen Mittelmeerkost wenig bis gar nichts zu tun. Schauen wir unseren südlichen Nachbarn auf die Teller, sehen wir dort vor allem Gemüse, Hülsenfrüchte, bunte Salate und Fisch. Fleisch kommt nur selten auf den Tisch, wenn, dann mageres Geflügel, ein bisschen Rindfleisch, Kaninchen oder Lamm. Gekocht wird mit Pflanzenöl; die dicken Mehl-, Butter- und Sahnesaucen, die hierzulande so gern zubereitet werden, wird man in den Kochtöpfen der mediterranen Küchen nicht entdecken.

Aromatische Kräuter, Knoblauch und frischer Zitronensaft dienen als Würze und ersetzen das Salz, das wir oft allzu reichlich verwenden. Gibt es etwas Süßes zum Nachtisch, wird es üppig mit Obst dekoriert. Diese frische, vollwertige Ernährung zahlt sich auf Dauer aus: Nicht nur das Körpergewicht lässt sich damit mühelos in gesunden Grenzen halten, auch die Versorgung mit der ganzen Bandbreite an Vitaminen, Mineralstoffen und sekundären Pflanzenstoffen ist optimal. Der bunte Mix an Gemüse und Obst, ergänzt durch hochwertige Öle, Vollkornprodukte, Fisch, magere Käsesorten und Milchprodukte liefert dem Körper und dem Gehirn alles, was für ein gesundes Leben benötigt wird.

Kennzeichen der Mittelmeerküche

- reichlich Gemüse, Salat, Obst, Nüsse, frische Kräuter
- Vollkornprodukte
- zweimal pro Woche frischer Fisch
- wenig Fleisch, bevorzugt mageres Geflügel
- fettarme Milchprodukte und Käsesorten
- vorwiegend pflanzliche Fette, möglichst wenig tierische Fette
- sparsame Verwendung von Salz
- Alkohol nur in Maßen
- ausreichend trinken

Optimale Nährstoffversorgung

Unser Gehirn ist ein wahrer »Energiefresser«: Es macht zwar mit etwa 2 Prozent nur einen Bruchteil unseres Körpergewichts aus, dennoch beansprucht es mit rund einem Fünftel einen vergleichsweise großen Anteil der Nahrungsenergie für seine Leistungsfähigkeit. Und die ist wirklich beeindruckend: Das Gehirn koordiniert unsere Bewegungen, es verarbeitet und speichert die Sinneseindrücke, also das, was wir sehen, hören, riechen oder fühlen, es regelt Schlaf, Stimmung, Appetit und vieles mehr. Über Botenstoffe, sogenannte Neurotransmitter (siehe Kasten), werden die entsprechenden Signale von Nervenzelle zu Nervenzelle übertragen. Um seine vielfältigen Aufgaben optimal erfüllen zu können, müssen dem Gehirn über die Nahrung alle wichtigen Nährstoffe in ausreichender Menge zugeführt werden.

Neurotransmitter

Um geistig fit zu bleiben, sind wir auf die Produktion psychoaktiver Substanzen, sogenannter Neurotransmitter, angewiesen:

- Azetylcholin ist der wichtigste Neurotransmitter im menschlichen Organismus und für schnelle Denkprozesse, Lernfähigkeit und logisches Denken zuständig. Gute Nahrungsquellen für die Vorstufe Cholin, aus der im Körper Azetylcholin aufgebaut wird, sind Soja, Hefe, Nüsse, Eigelb, Fisch, Brokkoli, Kohl und Blumenkohl.
- Serotonin gilt als »Glückshormon« und wirkt stimmungsaufhellend. Es erhöht aber auch die Denk-, Merk- und Konzentrationsfähigkeit und sorgt für Entspannung und guten Schlaf. Zum Aufbau von Serotonin ist die Aminosäure Tryptophan nötig, die reichlich in Sojabohnen, Meeresfisch, Nüssen, Hülsenfrüchten, Bananen, Vollkornprodukten und Käse vorkommt.
- Endorphine gelten als Stimmungsaufheller, wirken beruhigend in Stresszeiten und fördern die Konzentration. Sie sind zum Beispiel in dunkler Schokolade, Erdbeeren, Weintrauben oder Nüssen enthalten.

Glukose – Energie fürs Gehirn

Die Leistungsfähigkeit des Gehirns hängt von der Energiezufuhr ab. Die wichtigste Energiequelle unseres Gehirns ist die Glukose (Traubenzucker), ein Einfachzucker. Sie entsteht als Endprodukt beim Abbau von Kohlenhydraten. Der Glukosespiegel im Blut sollte möglichst konstant sein, damit eine kontinuierliche Energieversorgung des Gehirns gewährleistet ist. Schwankt der Blutzucker zu stark, merken wir das in Form von Müdigkeit, Schwindel, Konzentrationsschwäche und einem allgemeinen Leistungstief.

Für eine gleichmäßige Energieversorgung sind vor allem sogenannte komplexe Kohlenhydrate geeignet. Darunter versteht man lange Kohlenhydratketten, wie sie beispielsweise in Vollkornprodukten

(Brot, Backwaren, Reis, Nudeln), Kartoffeln oder Hülsenfrüchten vorkommen. Es dauert einige Zeit, bis sie schließlich in ihre kleinsten Bausteine zerlegt werden, sodass die Glukose nach und nach ins Blut gelangt und den Blutzuckerspiegel konstant hält. Dagegen werden die kurzen Kohlenhydratketten von Weißmehlprodukten oder zuckerhaltigen Nahrungsmitteln wie Süßigkeiten oder Limonade blitzschnell abgebaut und der Blutzucker schießt in die Höhe. Dieser Energieschub hält aber nicht vor: Rasch und reichlich wird Insulin ausgeschüttet, das die Glukose aus dem Blut schafft, und sehr bald fällt der Blutzuckerspiegel wieder. Darunter leidet auch die Energieversorgung des Gehirns, man fühlt sich müde und kann sich schlecht konzentrieren.

Bedenken Sie auch, dass Weißbrot, Süßigkeiten & Co. eine Menge »leerer Kalorien« liefern, also übergewichtfördernde Energie, aber keine Nährstoffe. Ersetzen Sie sie durch Vollkorn-Varianten bzw. meiden Sie zuckerhaltige Nahrungsmittel, so gut es geht!

Traubenzucker

Die letzte Rettung vor einer Prüfung? Die weißen Täfelchen versprechen laut Werbung einen schnellen Energiekick und tatsächlich können ein oder zwei Stückchen kurzzeitig Leistungsfähigkeit und Konzentration erhöhen. Doch aufgepasst: Zu viel davon bewirkt schnell das Gegenteil, da durch die vermehrte Insulinausschüttung der Blutzuckerspiegel rapide sinkt!

Aminosäuren als Baumaterial

Eiweiße (Proteine) sind lebenswichtig. Ihre Bausteine, die Aminosäuren, werden unter anderem für den Aufbau der Muskulatur, die Synthese von Neurotransmittern sowie als Baumaterial für Nerven und Gehirn benötigt. Mit etwa 100 Gramm Eiweiß pro Tag, die jeder Deutsche im Durchschnitt aufnimmt, ist die Zufuhr hierzulande ziemlich hoch (empfohlen wird eine tägliche Aufnahme von einem Gramm Eiweiß pro Kilogramm Körpergewicht). Ein Mangel an essenziellen (lebensnotwendigen) Aminosäuren ist daher zwar sehr unwahrscheinlich, doch ein Zuviel an Eiweiß ist auch nicht gut, da es die Blutgefäße schädigen kann. Die optimale Eiweißversorgung wird erreicht, wenn man auf Fleisch und Wurst weitgehend verzichtet und den Bedarf über die hochwertigen Proteine von Seefisch und Hülsenfrüchten deckt.

Wertvolle Fettsäuren

Unter den wertvollen mehrfach ungesättigten Fettsäuren, zu denen Omega-3- und Omega-6-Fettsäuren zählen, haben vor allem die Omega-3-Fettsäuren einen positiven Einfluss auf Gehirn, Nerven und die geistige Leistungsfähigkeit. Omega-3-Fettsäuren wirken entzündungshemmend, reduzieren die Bildung von Beta-Amyloid-Plaques (siehe Seite 7), schützen das Nervensystem vor altersbedingten Schäden und verbessern die Membran der Gehirnzellen.

Mit der mediterranen Kost, die weitgehend frei von tierischen Fetten bzw. ungesunden gesättigten Fettsäuren ist, wird die ganze Bandbreite der wertvollen ungesättigten Fettsäuren zugeführt, wobei diese nochmals unterschieden werden in einfach und mehrfach ungesättigte Fettsäuren. Unser Körper braucht beides. Während einfach ungesättigte Fettsäuren beispielsweise reichlich in Olivenöl vorkommen, stecken die wichtigen Omega-3-Fettsäuren in fettem Seefisch wie Kabeljau, Heilbutt, Lachs oder Makrele oder in Pflanzenölen wie Walnuss-, Raps-, Soja- oder Leinöl. Omega-6-Fettsäuren sind reichlich in Sonnenblumen- oder Maiskeimöl enthalten.

Wichtig ist allerdings das Verhältnis von Omega-3 zu Omega-6-Fettsäuren: Ihre positive Wirkung entfalten sie in der Zusammensetzung von 5:1, so der Rat von Experten. Zu viele Omega-6-Fettsäuren können die Wirkung der Omega-3-Fettsäuren behindern und das Nervensystem schädigen. Es empfiehlt sich daher, zwei- bis dreimal pro Woche Fisch zu essen und in der Küche mit Pflanzenölen zu variieren: Sonnenblumen- oder Maiskeimöl nur ab und zu, stattdessen öfter Walnuss-, Raps- oder Sojaöl. Setzen Sie zum Braten jedoch nur hitzestabile (raffinierte) Öle ein, da es sonst zur Bildung gesundheitsschädigender Zersetzungsprodukte kommt. Kalt gepresste (native) Öle gibt man lieber in Salate.

Cholesterin und Transfette

Verschiedene Studien deuten darauf hin, dass ein Übermaß an Cholesterin und gesättigten Fettsäuren aus tierischen Nahrungsmitteln mit einem erhöhten Alzheimer-Risiko verbunden ist. So soll Cholesterin die Bildung von Beta-Amyloid-Plaques begünstigen, gesättigte Fettsäuren könnten möglicherweise an Alterungsprozessen im Gehirn beteiligt sein. Auch Transfette sind schädlich: Sie fördern das Auftreten gefäßschädigender freier Radikale und damit das Risiko für Demenz. Sie stecken in Fertigprodukten wie Pommes, Chips oder Blätterteig, entstehen aber auch im Haushalt beim Frittieren oder Braten bei hohen Temperaturen mit ungeeigneten Ölen.

Lezithin: Schmierstoff fürs Gehirn?

Lezithin, eine fettähnliche Substanz aus der Gruppe der Phospholipide, ist ein wichtiger Bestandteil der Zellmembranen von Gehirn- und Nervenzellen und sorgt dafür, dass die Informationsübertragung reibungslos funktioniert. Außerdem wird Lezithin in Nerven und Gehirn in den Neurotransmitter Azetylcholin umgewandelt. Gute Nahrungsquellen für die wichtige Substanz sind Eier, Nüsse (vor allem Walnüsse), Mais, Hülsenfrüchte und Sojabohnen, sodass der tägliche Lezithinbedarf in der Regel gewährleistet ist. Allerdings hat die Nahrungsmittelindustrie das werbewirksame Potenzial von Lezithin entdeckt und bewirbt entsprechende Nahrungsergänzungsmittel mit dem Hinweis, dass Lezithin die Konzentrations- und Gedächtnisleistung erhöht bzw. im Alter erhält. Rein sachlich gesehen stimmt das zwar, doch ob isoliertes Lezithin dieselbe Wirkung hat wie über die Nahrung aufgenommenes, ist wissenschaftlich nicht belegt bzw. zum Teil sogar widerlegt.

Pflanzenpower – Vitalstoffe fürs Gehirn

Vitalstoffe – Vitamine, Mineralstoffe und sekundäre Pflanzenstoffe – sind die Basis für die geistige Leistungsfähigkeit. Insbesondere bei beginnender Alzheimer-Erkrankung wird häufig ein Mangel an bestimmten Vitaminen (vor allem A, C, E und Folsäure) festgestellt. Sie alle müssen aber in ausreichender Menge vorliegen, damit die Signalübertragung zwischen den Nervenzellen einwandfrei klappt. Fünfmal täglich frisches Gemüse und Obst – diese Empfehlung der Deutschen Gesellschaft für Ernährung (DGE) gilt auch zur Prävention von Alzheimer. Die tägliche Ration liefert alle wichtigen Vitalstoffe. Einige davon wirken als sogenannte Antioxidantien: Sie können schädliche »freie Radikale« abwehren (siehe Kasten Seite 18). Damit schützen sie Blutgefäße und Nervenzellen und sorgen für eine gute Gehirnleistung im Alter.

Viel hilft nicht viel!

Nehmen Sie nicht getreu dem Motto »Viel hilft viel« willkürlich Nahrungsergänzungsmittel ein. Ein Zuviel an Vitaminen und Mineralstoffen kann sogar schädlich sein. Seien Sie versichert: Die mediterrane Kost liefert in der Regel alle Nährstoffe, die Sie brauchen, in ausreichender Menge!

Freie Radikale

Freie Radikale sind aus biochemischer Sicht sehr reaktionsfreudige Moleküle, Ionen oder Atome mit einem ungepaarten (»freien«) Elektron. Sie können Zellen und Körpergewebe schädigen oder sogar irreparabel zerstören. Antioxidantien schützen vor der schädlichen Wirkung der freien Radikale, indem sie mit ihnen reagieren und dadurch ihre Reaktivität herabsetzen. Zu den wichtigsten Antioxidantien zählen die Vitamine C und E, die Mineralstoffe Magnesium, Selen, Kupfer und Zink sowie etliche sekundäre Pflanzenstoffe.

Vitaminreich essen

Vitamin C und E sind hocheffektive Antioxidantien, die sich in ihrer Wirkung gegenseitig sogar noch verstärken. Das Vitamin C punktet dabei mit einer ganz besonderen Fähigkeit: Es kann bereits oxidiertes, also verwertetes und damit unwirksames Vitamin E wieder regenerieren. Vitamin C kommt reichlich in frischem Obst und Gemüse vor. Da es nicht hitzestabil ist und beim Kochen viel verloren geht, sollte ein Teil der täglichen Vitamin-C-Ration als Rohkost (z.B. Obstsalat oder Gemüsesticks) auf den Tisch kommen. Reich an Vitamin E wären theoretisch Maiskeim-, Weizenkeim-, Sonnenblumen- und Distelöl, aber diese Öle enthalten auch viele Omega-6-Fettsäuren und sollten daher nur ab und zu verwendet werden (siehe Seite 16). Weitere gute Vitamin-E-Quellen sind Nüsse und Samen.

Vitamin-Power im Duett

Kombinieren Sie für eine optimale Versorgung Vitamin-E- und -C-reiche Nahrungsquellen, beispielsweise Obstsalat mit einigen Nüssen. Oder bereiten Sie Dressings mit einem hochwertigen nativen Öl und Zitronensaft zu und streuen Sie ein paar Nüsse oder Samen über den Salat.

Vitamin B1 (Thiamin) gilt als »Nervenvitamin«, da es für gesunde Nerven- und Hirnfunktionen zuständig ist, Konzentration und Gedächtnis fördert und die Psyche stabilisiert. Vitamin B1 ist in fast allen tierischen und pflanzlichen Nahrungsmitteln enthalten, oft aber nur in Spuren. Hier kommt es auf abwechslungsreiche Kost an! Die wichtigsten Quellen sind Getreidevollkornprodukte, Haferflocken, Hülsenfrüchte, Nüsse und Samen, mageres Schweinefleisch und Hefe.

Vitamin B3 (Niacin) stabilisiert die Nervenzellen und ist an der Signalübermittlung beteiligt. Gute Quellen sind Geflügel, Wild, Fisch, Milchprodukte, Eier, Pilze, Vollkornprodukte, Hülsenfrüchte, Erdnüsse, Datteln.

Vitamin B6 (Pyridoxin) trägt gemeinsam mit Vitamin B12 und Folsäure zum Abbau von Homocystein (siehe Kasten Seite 19) bei. Reich an Vitamin B6 sind Vollkornprodukte, Kartoffeln, grünes Gemüse, Hülsenfrüchte, Lachs und Avocado.

Vitamin B12 (Cobalamin) ist wie Vitamin B6 und Folsäure am Homocysteinabbau (siehe Kasten rechts) beteiligt. Außerdem spielt es bei der Bildung der Hülle von Nervenfasern eine wichtige Rolle. Die Leber kann Vitamin B12 über mehrere Jahre speichern, daher ist keine tägliche Aufnahme nötig. Bei streng vegetarischer oder veganer Ernährung kann nach einigen Jahren unter Umständen ein Mangel auftreten, da Cobalamin nur in tierischen Lebensmitteln enthalten ist.

Folsäure gehört ebenfalls zur Gruppe der B-Vitamine. Sie ist wichtig für die Zellteilung und Zellneubildung sowie für den Abbau von Homocystein (siehe Kasten rechts). Folsäure und Vitamin D zählen zu den Vitaminen, mit denen ältere Menschen am häufigsten unterversorgt sind. Inwieweit das auch auf Sie zutrifft, kann im Rahmen einer Blutuntersuchung festgestellt werden. Gute Nahrungsquellen sind Weizenkeime und -kleie, Rote Bete, Spinat, Kohl und Brokkoli.

Homocystein

Dieses Zwischenprodukt im Eiweißstoffwechsel ist ein Zellgift, das normalerweise vom Körper in unschädliche Substanzen umgewandelt wird. Dazu sind die Vitamine B6, B12 und Folsäure notwendig. Bei einem Mangel an diesen Vitaminen steigen die Homocysteinwerte im Blut, was Arteriosklerose und Durchblutungsstörungen begünstigt und damit das Risiko für Alzheimer erhöht.

Vitamin D schützt vor Herzinfarkt, Krebs und diversen anderen Erkrankungen. Ein direkter Zusammenhang zwischen einem Vitamin-D-Mangel und Alzheimer wurde in einer britischen Studie aus dem Jahr 2014 erkannt. Doch als gesichert gilt dieses Ergebnis noch nicht. Trotzdem ist es wichtig, die Versorgung mit Vitamin D im Blick zu haben, denn es wirkt nachweislich positiv auf Alzheimer-Risikofaktoren wie zum Beispiel Bluthochdruck. Ein Mangel macht sich durch Müdigkeit und Konzentrationsstörungen bemerkbar. Vitamin D wird aus einer Vitamin-Vorstufe mithilfe des Sonnenlichts in der Haut gebildet. Regelmäßig an der frischen Luft unterwegs zu sein, trägt damit ein gutes Stück weit zur Versorgung bei. Über die Ernährung kann das Vitamin allerdings nur in geringen Mengen zugeführt werden – es kommt in einigen Pilzarten (z.B. Steinpilze, Champignons, Pfifferlinge), fettreichem Seefisch (Makrele, Lachs, Hering), Avocado und Ei vor. Unter Umständen sind – in Absprache mit dem Arzt – Vitamin-D-Tabletten zur Ergänzung erforderlich.

Mineralstoffreich essen

Magnesium schützt das Nervensystem vor Stress, indem es die Reaktionskette unterbricht, die zur Ausschüttung der Stresshormone Adrenalin und Noradrenalin führt. Außerdem ist es ein wirkungsvolles Antioxidans. Der Mineralstoff ist reichlich in Vollkornprodukten, Nüssen und auch in manchen Mineralwassersorten enthalten.

Selen ist Bestandteil des Enzyms Glutathionperoxidase, das vor freien Radikalen schützt. Gute Selenquellen sind Fisch, Hülsenfrüchte und Getreide. Auch Paranüsse enthalten reichlich Selen – bereits drei oder vier Nüsse am Tag decken weitgehend den Bedarf.

Kupfer wird benötigt, um Enzyme zur Abwehr von freien Radikalen herstellen zu können. Gute Kupferlieferanten sind Vollkornprodukte, Hülsenfrüchte, Schalentiere wie Krebse oder Hummer, Nüsse und Samen.

Zink ist nicht nur ein Antioxidans, es soll Untersuchungen zufolge auch die Bildung von Plaques (Ablagerungen) im Gehirn verhindern. Andererseits gibt es Studien, die darauf hinweisen, dass eine erhöhte Zinkzufuhr Alzheimer sogar fördern könne. Die Zinkmenge, die Sie im Rahmen einer vollwertigen Mischkost z.B. über Getreide, Hülsenfrüchte, Nüsse oder Schalentiere aufnehmen, ist unbedenklich, bei der Einnahme von Zink-Tabletten zur Nahrungsergänzung ist aber Vorsicht geboten.

Bunt ist gesund

Ein Mix aus Tausenden hochwirksamer Substanzen, den sogenannten sekundären Pflanzenstoffen, steckt in Gemüse und Obst – je bunter und abwechslungsreicher Ihre Auswahl ist, umso sicherer können Sie sein, dass alle für die Alzheimer-Prävention günstigen Substanzen in ausreichender Menge auf Ihrem Teller landen.

Flavonoide sind eine Gruppe effektiver Antioxidantien, die blutdrucksenkend und entzündungshemmend wirken und daher in vielerlei Hinsicht gut fürs Gehirn sind. Hohes antioxidatives Potenzial haben die roten und blauen Farbstoffe (Anthocyane, eine Untergruppe der Flavonoide) in Beeren, aber auch die Inhaltsstoffe von Äpfeln, Zwiebeln, Sojaprodukten, schwarzem und grünem Tee.

> *An apple a day keeps the doctor away*
>
> Ein Apfel am Tag, und man braucht keinen Arzt – diese Weisheit sollte man auch zur Alzheimer-Prävention beherzigen. Gehirnschützend wirkt das Flavonoid Quercetin, das vor allem im frischen, ungeschälten Apfel steckt.

Carotinoide geben Paprika, Karotten, Pfirsichen oder Aprikosen ihre appetitliche rote, gelbe oder orange Farbe. Gesund sind sie obendrein, denn Carotinoide sind wirksame Antioxidantien.

Phytosterine senken den Cholesterinspiegel und können die Plaque-Bildung in den Blutgefäßen im Gehirn unterbinden. Sie stecken in fettreichen

pflanzlichen Nahrungsmitteln wie Nüssen, Hülsenfrüchten, Sojabohnen, Weizenkeimen und Olivenöl.

Glucosinolate können den Abbau von Azetylcholin verlangsamen und damit die Gedächtnisleistung steigern. Ihre Wirkung sei sogar vergleichbar mit der mancher Alzheimer-Medikamente, so das Ergebnis einer Studie aus London. Man findet sie in verschiedenen Kohlsorten wie Blumenkohl, Weißkohl, Rosenkohl oder Brokkoli.

Polyphenole sind wichtige Antioxidantien. Sie schützen die Synapsen (die Verbindungsstellen zwischen den Nervenzellen) im Gehirn und gewährleisten so die Reizübertragung. Gute Quellen sind Nüsse, Vollkornprodukte, Bitterschokolade, Heidelbeeren, Kaffee, Tee und auch Rotwein.

Täglich Rotwein?

Rotwein und auch roter Traubensaft enthalten geringe Mengen Resveratrol, einen sekundären Pflanzenstoff aus der Gruppe der Polyphenole. Diese Substanz verhindert die Entstehung gefährlicher Eiweißablagerungen im Gehirn. Ein Gläschen Rotwein am Tag wird daher gern zur Vorbeugung von Alzheimer empfohlen. Allerdings nimmt man mit einer abwechslungsreichen, gesunden Ernährung genügend schützende Substanzen auf, sodass es nicht nötig ist, paradoxerweise Alkohol zu trinken, um seiner Gesundheit etwas Gutes zu tun.

Trinken für die geistige Fitness

Etwa zwei Liter Flüssigkeit am Tag sind wichtig, damit Aufmerksamkeit und Konzentration erhalten bleiben. Trinken wir nicht genug, wird das Blut dickflüssiger. Es fließt langsamer, der Nährstofftransport leidet darunter und mit ihm die Gehirnversorgung und -leistung. Ideale Durstlöscher sind Mineralwässer und mit Wasser verdünnte Fruchtsäfte (aus 100 % Saft), außerdem ungesüßte Kräuter- und Früchtetees oder grüner Tee. Limonaden, Nektare und Fruchtsaftgetränke enthalten viel Zucker, der den Blutzuckerspiegel stark schwanken lässt, und sind daher nicht zu empfehlen. Auch koffeinhaltige Getränke (Kaffee, Schwarztee, Cola) sind mit Vorsicht zu genießen: Sie machen kurzzeitig munter, doch sobald die Wirkung nachlässt, setzt bei vielen Menschen die Müdigkeit umso stärker ein.

Kaffee

Das schwarze Gebräu steht immer wieder im Fokus zahlreicher Studien: Demnach soll Koffein die Beta-Amyloid-Plaques (siehe Seite 7) bei Alzheimer reduzieren und die Sauerstoffversorgung des Gehirns fördern. Ungefilterter Kaffee kann allerdings den Cholesterinspiegel erhöhen, was wiederum ein Risikofaktor für Alzheimer ist. Trotz mancher positiver Effekte ist Kaffee aber ein Genussmittel und kein Getränk: Belassen Sie es lieber bei ein bis zwei Tassen pro Tag!

Grüner Tee

Besonders ein Stoff im grünen Tee hat das Interesse der Wissenschaft erregt: Epigallocatechingallat, kurz EGCG. Im Laborversuch hat sich gezeigt, dass isoliertes EGCG die neurotoxischen Eiweißablagerungen unschädlich machen kann, die im Gehirn von Alzheimer-Patienten gebildet werden. Ob diese Substanz dieselbe Wirkung hat, wenn sie im grünen Tee gelöst vorliegt, müssen erst weitere Untersuchungen klären.

Brainfood – Nahrung, die es in sich hat

Nahrung fürs Gehirn – das klingt vielversprechend. Doch im Grunde verbergen sich hinter dem Begriff Brainfood nur Nahrungsmittel, die im Rahmen einer ausgewogenen Ernährung wie der mediterranen Kost sowieso ihren festen Platz auf dem Teller haben. Sie liefern Kohlenhydrate fürs Gehirn, Proteine fürs Gedächtnis, Fettsäuren als Schmiermittel für die Datenübertragung. Brainfood macht nicht schlau, beugt aber Leistungstiefs, Konzentrationsschwäche und Müdigkeit vor und aktiviert das Gehirn. Hier sehen Sie ein Dutzend Nahrungsmittel, die Ihrem Gedächtnis auf die Sprünge helfen:

1. Nüsse, Samen, Kerne: Sie gelten als Gehirnnahrung Nummer eins. Mit ihrem hohen Gehalt an Mineralstoffen, B-Vitaminen, Vitamin E, hochwertigem Fett und Eiweiß versorgen sie das Gehirn mit Energie und fördern die Konzentration. Nicht von ungefähr haben Schüler und Studenten vor Prüfungen oft eine Handvoll »Studentenfutter« in der Brotzeitbox!

2. Bananen: Ihre komplexen Kohlenhydrate lassen den Blutzuckerspiegel gleichmäßig steigen und garantieren so eine kontinuierliche Versorgung des Gehirns mit dem Energielieferanten Glukose. Ein weiteres Plus: Sie enthalten viele fürs Gehirn wichtige B-Vitamine.

3. Beeren: Heidelbeeren, Brombeeren, Himbeeren, Aroniabeeren und viele mehr enthalten reichlich Anthozyane, die zur Gruppe der Flavonoide (siehe Seite 21) gehören. Diese Pflanzenfarbstoffe geben noch weiteren Obst- und Gemüsesorten wie blauen Weintrauben, Kirschen, Rotkohl oder Auberginen ihre blaue, rote oder violette Farbe. Anthozyane sind hochwirksame Antioxidantien, die das Gehirn schützen und auch Herz-Kreislauf-Erkrankungen und Krebs vorbeugen.

Gojibeeren

Ein wahres Superfood fürs Gehirn sollen die aus Fernost stammenden, süßsäuerlichen Gojibeeren sein, die im getrockneten Zustand wie rote Rosinen aussehen. Tatsächlich sind sie randvoll mit Vitaminen, Mineralstoffen und antioxidativ wirksamen sekundären Pflanzenstoffen, die vor vielen Erkrankungen schützen können. Leider ist aber oft ihre Pestizidbelastung sehr hoch. Achten Sie daher beim Einkauf unbedingt auf Bio-Qualität!

4. Trockenfrüchte: Perfekt für den Energieschub unterwegs! Durch die Trocknung konzentrieren sich die wertvollen Inhaltsstoffe; dabei bleiben (bis auf das empfindliche Vitamin C) alle Mineralstoffe und Vitamine erhalten. Aber Vorsicht: Wie Nüsse sind auch Trockenfrüchte sehr energiereich – verzehren Sie nicht zu viel davon!

5. Avocado: Die vielseitig verwendbare Frucht versorgt Gehirn und Nerven mit wertvollen Fettsäuren und Energie. Ihre B-Vitamine wirken sich positiv auf den Gehirnstoffwechsel aus.

6. Grünes Gemüse: Der hohe Gehalt an Vitamin C und E in grünem Gemüse, insbesondere in Brokkoli, bewahrt die Gehirnzellen vor Schäden durch freie Radikale.

7. Hülsenfrüchte: Bohnen, Erbsen & Co. sind wegen ihrer hohen Nährstoff- und geringen Energiedichte allgemein sehr gesund. Darüber hinaus wirkt sich der hohe Gehalt an Antioxidanzien und Lezithin positiv auf das Gehirn und dessen Leistungsfähigkeit aus.

8. Lauchgewächse: Das in Zwiebeln, Knoblauch, Lauch oder Schnittlauch enthaltene Alliin, eine schwefelhaltige Aminosäure, wird beim Schneiden zu Allicin. Dieses reduziert Ablagerungen in den Blutgefäßen, fördert die Durchblutung und damit die Sauerstoffversorgung im Gehirn.

9. Kräuter: Kräuter wie Salbei, Melisse oder Wermut sollen einigen Studien zufolge durch eine Erhöhung des Azetylcholinspiegels die Gehirnleistung steigern. Grundsätzlich sind aber alle Kräuterarten gesund und es lohnt sich, das ganze Jahr über ein paar Kräutertöpfe aufs Küchenfensterbrett zu stellen. So haben Sie immer aromatische Würze parat und können beim Kochen schädliches Kochsalz einsparen.

10. Haferflocken: Sie stecken voller gesunder Inhaltsstoffe, die Körper und Geist so guttun, dass sie regelmäßig auf den Tisch kommen sollten.

11. Seefisch: Frischer (oder tiefgekühlter) Fisch wie Lachs, Kabeljau, Heilbutt oder Makrele liefert die für das Gehirn wichtigen Omega-3-Fettsäuren. Ein- bis zweimal pro Woche sollte daher Fisch im Speiseplan auftauchen (man rechnet etwa 100 Gramm pro Portion).

12. Chia-Samen: Die Liste ihrer wertvollen Inhaltsstoffe ist lang. Positiv für die geistige Leistungsfähigkeit und Konzentration ist vor allem der hohe Gehalt an Omega-3-Fettsäuren, Proteinen, Antioxidantien, Kupfer, Kalzium und Magnesium.

Kokosöl

Kokosöl hat es bis jetzt nicht in die Liste der Brainfoods geschafft, dafür ist sich die Wissenschaft noch zu uneins. Allerdings weisen einige Untersuchungen darauf hin, dass der regelmäßige Konsum möglicherweise das Absterben von Nervenzellen verhindern und den Krankheitsverlauf von Alzheimer bremsen kann. Dahinter steckt die Vermutung, dass bei Alzheimer das Gehirn den Zucker im Blut nicht mehr richtig verwerten kann. Dadurch ist die Energieversorgung gefährdet und es können gefährliche Eiweißablagerungen entstehen, die den Krankheitsverlauf beschleunigen. Kokosöl könnte hier Abhilfe schaffen: Seine mittelkettigen Fettsäuren werden in sogenannte Ketone umgewandelt, die Körper und Gehirn schnell und effizient mit Energie versorgen.

Ginkgo

Ginkgo ist zwar kein Brainfood, wird aber im Zusammenhang mit Gehirnnahrung immer wieder genannt. Ginkgoextrakt ist als ergänzendes Therapeutikum bei Alzheimer zugelassen (für eine präventive Wirkung gibt es derzeit keine wissenschaftlichen Belege). Er fördert die Durchblutung und damit auch die Sauerstoffversorgung im Gehirn. Außerdem bekämpft Ginkgo freie Radikale, wirkt dem Abbau der Nervenzellen entgegen und steigert die Leistungsfähigkeit der vorhandenen Zellen.

Vorsicht ist geboten

Manche Nahrungsbestandteile oder -zusätze werden in der Alzheimer-Forschung kritisch beäugt. Auch wenn die Studienlage noch unklar ist, ist es ratsam, hier zurückhaltend zu sein:

Gluten: In hohen Mengen soll das Klebereiweiß Alzheimer begünstigen. Es kommt in Getreidesorten wie Weizen, Roggen, Gerste, Dinkel oder Grünkern vor; glutenfrei sind dagegen beispielsweise Hafer, Amaranth, Quinoa, Couscous, Mais, Reis, Buchweizen oder Hirse.

Aluminium: Es gibt keine eindeutigen Studienergebnisse, die belegen oder widerlegen, dass Aluminiumsalze Alzheimer auslösen können bzw. bei bereits ausgebrochener Krankheit schädigend auf Nervenzellen wirken. Wer auf Nummer sicher gehen will, sollte bei manchen Nahrungsmitteln Zurückhaltung üben: Kaffee, Kakao, Schokolade, aber auch die Lauge von Brezen, Süßigkeiten und Backmischungen enthalten in geringen Mengen Aluminium. Die Verpackung von Lebensmitteln in Alufolie oder die Zubereitung in Aluminiumgeschirr ist nach derzeitigem Erkenntnisstand unbedenklich.

Glutamat: Der Geschmacksverstärker Glutamat gilt im Hinblick auf alle neurodegenerativen Erkrankungen wie Alzheimer, Parkinson oder Multiple Sklerose als Risikofaktor. Werfen Sie beim Einkauf einen Blick auf die Zutatenliste!

Aspartam: Der Süßstoff wird verdächtigt, das Gehirn zu schädigen, und steht daher unter Beobachtung. Bei seiner Verstoffwechslung sollen Nervengifte entstehen, die unter anderem Alzheimer auslösen bzw. verstärken können. Generell ist es empfehlenswert, synthetisch hergestellte Süßstoffe nur in Maßen zu verwenden. Als alternative natürliche Süßungsmittel bieten sich Honig, Dicksaft oder Ahornsirup an.

Pestizide: Sie fördern unter anderem im Gehirn die Entstehung von freien Radikalen. Achten Sie auf eine möglichst geringe Schadstoffbelastung von Obst und Gemüse und bevorzugen Sie Bio-Qualität!.

Tipps für Angehörige

Mit Fortschreiten der Alzheimer-Erkrankung ist der Alltag ohne fremde Hilfe kaum mehr zu meistern und stellt Patienten wie Angehörige vor große Herausforderungen. Doch kann ein liebevolles und tolerantes Umfeld viel zum Wohlbefinden des Betroffenen beitragen. Dieser kurze Exkurs soll Sie bei der Verköstigung eines pflegebedürftigen Alzheimer-Patienten unterstützen.

Täglicher Nährstoffbedarf

Mit dem Alter steigt der Anteil des Fettgewebes, die Muskelmasse schwindet. Hinzu kommt in der Regel ein eher geruhsamer Lebensstil, der den Energiebedarf sinken lässt. Der Nährstoffbedarf bleibt jedoch gleich (oder ist sogar leicht erhöht). Dazu kommt, dass Senioren meist nur noch kleine Portionen essen, was nicht reicht, um den Bedarf an Fett, Kohlenhydraten, Proteinen, Vitaminen und Mineralstoffen zu decken. Insbesondere an Alzheimer erkrankte Senioren brauchen daher Lebensmittel mit einer hohen Nährstoffdichte: relativ wenige Kalorien und gleichzeitig viele wichtige Nährstoffe, idealerweise aus Vollkornprodukten, Gemüse, Obst, Trockenfrüchten, Hülsenfrüchten, fettarmer Milch und fettarmen Milchprodukten sowie Fisch.

Freude am Essen

Regelmäßige Mahlzeiten tragen zur Lebensqualität bei, bieten Orientierung und strukturieren den Tagesablauf. Die Kost eines Alzheimer-Kranken soll nicht nur Nährstoffe liefern, sondern auch die Freude am Essen erhalten und die Wünsche und Fähigkeiten des Patienten berücksichtigen. Bedenken Sie, dass Senioren nicht mehr alles essen können (oder wollen): Knuspriges Körnerbrot und Zahnprothese passen nicht gut zusammen, Kohl oder frisches Brot blähen, hart gekochte Eier liegen schwer im Magen und das Abknabbern von Hühnerkeulchen kann für einen Alzheimer-Patienten eine unüberwindliche Hürde darstellen ... Achten Sie auf »machbare« Kost: handlich (z.B. Fingerfood), gut verträglich, nicht zu hart, nicht zu heiß, nicht zu kalt, nicht zu scharf.

Ausreichend trinken

Senioren sollten täglich mindestens 1,5, besser noch zwei Liter trinken. Doch das ist in der Praxis schwierig. Ältere Menschen empfinden häufig keinen Durst und vergessen das Trinken einfach. Oder sie verzichten darauf aus Angst vor nächtlichen Toilettengängen, wegen Inkontinenz oder anderer gesundheitlicher Probleme. Doch eine ausreichende Flüssigkeitszufuhr ist wichtig, denn eine Dehydratation kann gravierende Folgen haben: trockene Haut und Schleimhäute, Infektanfälligkeit, Kopfschmerzen, Schwindel, Schwäche, Verstopfung, Harnwegsinfekte, Verwirrtheitszustände, niedriger Blutdruck, erhöhter Puls, Kreislauf- und Nierenversagen und vieles mehr. Grundsätzlich gilt: Je weniger ein Mensch isst, umso mehr muss er trinken, da das in der Nahrung gebundene Wasser fehlt. Geeignete Getränke finden Sie auf Seite 23 und Tipps, wie man Alzheimer-Patienten zum Trinken animiert, im Kasten nebenan.

Tipps fürs Trinken

- Bieten Sie grundsätzlich Getränke zu den Mahlzeiten an.
- Halten Sie feste Trinkzeiten zwischen den Mahlzeiten ein.
- Bieten Sie Lieblingsgetränke regelmäßig, aber in kleinen Mengen an.
- Lassen Sie dem Patienten genügend Zeit zum Trinken.
- Servieren Sie heiße/kalte Getränke der Jahreszeit entsprechend.
- Achten Sie auf Appetitlichkeit (schöne Gläser, bunte Tassen).
- Achten Sie auf Handlichkeit und gute Greifbarkeit der Gefäße.
- Sorgen Sie für Kontraste – ein Glas Wasser auf hellem Untergrund wird leicht übersehen.

Frühstücksideen

BANANENSMOOTHIE MIT STUDENTENFUTTER

Für 4 Personen — Zubereitung: 10 Minuten — Schwierigkeitsgrad: leicht

2 Äpfel

2 Bananen

2 Karotten

Saft von 2 Orangen

1 Spritzer Apfelessig

1 TL Olivenöl

2 EL Studentenfutter

Petersilie zum Garnieren

Nährwerte pro Portion: 199 kcal/837 kJ, 2,9 g EW, 3,6 g F, 33,8 g KH, 6,7 g Bst, 0 mg Chol, 2,5 BE

Die Äpfel waschen, vierteln und entkernen. Die Bananen und die Karotten schälen und in Scheiben schneiden. Alles zusammen mit dem Orangensaft, dem Essig, dem Öl und dem Studentenfutter im Mixer fein-cremig pürieren. Nach Bedarf ein wenig kaltes Wasser bis zur gewünschten Konsistenz hinzufügen.

Den Smoothie in Gläser füllen und mit Petersilie garniert servieren.

WALNUSS-DATTEL-CREME

Für 4 Personen — Zubereitung: 15 Minuten — Einweichen: etwa 3 Stunden
Schwierigkeitsgrad: leicht

200 g Cashewkerne
50 g Datteln
50 ml Mandelmilch (natur)
50 g Walnusskerne
1 kleine Prise Salz
Pfeffer aus der Mühle
½ TL frischer Zitronensaft

Nährwerte pro Portion: 420 kcal/1747 kJ, 12,7 g EW, 29,1 g F, 25 g KH, 1,9 g Bst, 0 mg Chol, 2 BE

Die Cashewkerne etwa 3 Stunden (oder über Nacht) in reichlich Wasser einweichen. Danach in einem Sieb gründlich abspülen und abtropfen lassen.

Die Datteln entsteinen und grob hacken. Etwa zwei Drittel davon mit den Cashewkernen und der Mandelmilch in den Mixer geben und cremig pürieren. Die Walnüsse grob hacken und zusammen mit den restlichen Datteln unterheben. Mit Salz, Pfeffer und Zitronensaft abschmecken.

Tipp: Die Walnuss-Dattel-Creme ist ein herzhafter Aufstrich, der gut auf Vollkornbrot oder Pumpernickel passt.

FRISCHKORNMÜSLI MIT APFEL UND JOGHURT

Für 4 Personen — Zubereitung: 20 Minuten — Einweichen: etwa 12 Stunden
Schwierigkeitsgrad: leicht

150 g zuckerfreie Frischkornmischung
2 Äpfel
1 EL frischer Zitronensaft
40 g kernige Haferflocken
20 g ungeschälte Mandeln
500 g Naturjoghurt (0,1 % Fett)
1 TL gemahlene Vanille

Nährwerte pro Portion: 280 kcal/1175 kJ, 17,5 g EW, 8,3 g F, 30,3 g KH, 6,2 g Bst, 0 mg Chol, 2,5 BE

Die Frischkornmischung mit kaltem Wasser ansetzen und über Nacht im Kühlschrank einweichen.

Am nächsten Tag die Äpfel waschen, vierteln, entkernen und die Viertel mit der Schale grob raspeln. Mit dem Zitronensaft vermengen und unter den gequollenen Getreidebrei rühren. Die Haferflocken untermischen.

Die Mandeln grob hacken. Das Frischkornmüsli auf vier Schalen verteilen, jeweils ein Viertel des Joghurts und der Mandeln daraufgeben. Mit etwas gemahlener Vanille bestreuen.

FRUCHTSALAT MIT JOGHURT UND KNUSPERMÜSLI

Für 4 Personen — Zubereitung: 15 Minuten — Schwierigkeitsgrad: leicht

1 kleine Mango
200 g Erdbeeren
100 g kernlose grüne und rote Weintrauben
1–2 EL Honig
120 g Naturjoghurt (0,2 % Fett)
40 g Müslimischung (z.B. mit Pistazien, Haselnüssen, Puffreis)

Nährwerte pro Portion: 130 kcal/550 kJ, 3,5 g EW, 1,1 g F, 24,3 g KH, 2,9 g Bst, 0 mg Chol, 2 BE

Die Mango schälen und das Fruchtfleisch vom Stein schneiden. Dabei vier schöne Spalten zum Garnieren zur Seite legen, das restliche Fruchtfleisch klein würfeln. Die Erdbeeren waschen und zwei schöne Beeren mit Grün halbieren und beiseitelegen. Die übrigen Beeren in Stücke schneiden. Die Weintrauben von den Stielen zupfen, waschen und halbieren. In einer Schüssel das Obst mit dem Honig vermengen. Auf vier Dessertgläser verteilen und mit dem Joghurt bedecken. Das Müsli darüberstreuen und jeweils mit einer Erdbeerhälfte und einer Mangospalte garniert servieren.

PORRIDGE MIT HEIDELBEEREN UND MANDELN

Für 4 Personen — Zubereitung: 10 Minuten — Garen: etwa 10 Minuten
Schwierigkeitsgrad: leicht

etwa 750 ml Milch (1,5 % Fett)
1 Vanilleschote
3–4 EL Honig
1 Msp. gemahlener Zimt
125 g kernige Haferflocken
150 g Heidelbeeren
1 Handvoll kernlose rote Weintrauben
60 g Mandeln

Nährwerte pro Portion: 376 kcal/1578 kJ, 14,3 g EW, 13,5 g F, 44,7 g KH, 7,3 g Bst, 7,5 mg Chol, 4 BE

In einem Topf die Milch mit der aufgeschlitzten Vanilleschote, dem Honig und dem Zimt aufkochen lassen. Die Haferflocken einstreuen und bei sehr niedriger Temperatur unter Rühren 5–10 Minuten quellen lassen. Es sollte ein cremiger Brei entstehen; nach Bedarf noch etwas Milch hinzufügen.

Die Heidelbeeren abbrausen und verlesen. Die Weintrauben waschen und klein schneiden. Die Vanilleschote aus dem Porridge nehmen und diesen auf Schüsseln verteilen. Mit den Früchten und den Mandeln bestreuen.

REISPUDDING MIT FRÜCHTEN

Für 6 Personen — Zubereitung: 15 Minuten — Garen: etwa 1 Stunde
Schwierigkeitsgrad: leicht

2 Bananen
800 ml Milch (1,5 % Fett)
2–3 EL Honig
1 TL gemahlener Zimt
1 Msp. frisch geriebene Muskatnuss
200 g Milchreis
60 g Rosinen
frische Früchte zum Garnieren (siehe Tipp)

Nährwerte pro Portion: 268 kcal/1129 kJ, 7,6 g EW, 2,5 g F, 51,9 g KH, 1,7 g Bst, 5,3 mg Chol, 4,5 BE

Den Backofen auf 150 °C Umluft vorheizen. Inzwischen die Bananen schälen, in einer Schüssel mit einer Gabel fein zerdrücken und mit der Milch, dem Honig und den Gewürzen verrühren. Den Milchreis mit den Rosinen in einer Auflaufform verteilen und die Bananen-Gewürz-Milch darübergießen. Die Form abdecken und im Ofen etwa 1 Stunde garen. Dann herausnehmen, den Reis umrühren und auskühlen lassen.

Zum Servieren den Reispudding in Schälchen füllen und mit Fruchtspalten garnieren.

Tipp: Wählen Sie zum Garnieren in Spalten geschnittene Früchte nach Ihrem Geschmack, z.B. Aprikosen, Pfirsiche, Nektarinen, Äpfel, Birnen, Mango oder Papaya.

BANANENWAFFELN MIT MANDELN

Für etwa 10 Waffeln — Zubereitung: 15 Minuten — Backen: etwa 15 Minuten
Schwierigkeitsgrad: leicht

200 g Margarine zum Backen
2 EL Stevia-Streusüße
2 Bananen
1 EL frischer Zitronensaft
5 Eier
175 g ungeschälte Mandeln, gemahlen
Rapsöl für das Waffeleisen
200 g Naturjoghurt (0,2 % Fett)
Abrieb von 1 unbehandelten Zitrone

Nährwerte pro Stück: 325 kcal/1345 kJ, 8,2 g EW, 28,4 g F, 6,7 g KH, 3,2 g Bst, 120 mg Chol, 0,5 BE

In einer Rührschüssel die Margarine und die Streusüße mit dem elektrischen Handrührgerät aufschlagen. Die Bananen schälen, mit dem Zitronensaft in eine Schüssel geben und mit einer Gabel fein zerdrücken. Das Mus zusammen mit den Eiern und den Mandeln unter die Margarine mengen. Im gefetteten heißen Waffeleisen aus dem Teig nach und nach etwa zehn goldbraune Waffeln backen und warm stellen.

Den Joghurt mit dem Zitronenabrieb mischen. Zum Servieren jeweils einen Klecks auf die Waffeln setzen.

Tipp: Sie können die Stevia-Streusüße durch 1–2 EL Honig ersetzen.

Suppen

BROKKOLICREMESUPPE MIT GARNELEN

Für 4 Personen — Zubereitung: 30 Minuten — Garen: etwa 25 Minuten
Schwierigkeitsgrad: leicht

400 g Brokkoli
100 g mehligkochende Kartoffeln
100 g Knollensellerie
1 Schalotte
1 Knoblauchzehe
3 EL Olivenöl
etwa 800 ml Gemüsebrühe
2 EL Mandelblättchen
250 g küchenfertige Riesengarnelen
Salz, Pfeffer aus der Mühle
150 g Naturjoghurt (0,1 % Fett)
1 Handvoll Basilikum, fein gehackt
etwas frischer Zitronensaft

Nährwerte pro Portion: 295 kcal/1238 kJ, 20,4 g EW, 16,5 g F, 13,2 g KH, 6,1 g Bst, 84 mg Chol, 1 BE

Den Brokkoli waschen, putzen und klein schneiden. Die Kartoffeln und den Sellerie schälen, waschen und würfeln. Die Schalotte und den Knoblauch schälen und fein hacken. Beides in einem Topf in 1 EL heißem Öl anschwitzen, dann die Gemüsewürfel dazugeben und mit der Brühe ablöschen. Etwa 15 Minuten leise köcheln lassen, bis das Gemüse weich ist. Anschließend mit dem Stabmixer fein pürieren und durch ein Sieb in einen anderen Topf passieren. Wieder auf den Herd stellen. Ist die Suppe zu flüssig oder zu dick, einfach noch ein wenig köcheln lassen oder etwas Brühe hinzufügen.

Die Mandelblättchen in einer beschichteten Pfanne ohne Fettzugabe goldbraun anrösten, dann herausnehmen. Die Garnelen abbrausen, trocken tupfen und im restlichen Öl (2 EL) auf beiden Seiten 2–3 Minuten braten. Mit Salz und Pfeffer würzen.

Die Suppe vom Herd nehmen. Den Joghurt und das gehackte Basilikum hinzufügen, schaumig aufmixen und mit Zitronensaft, Salz und Pfeffer abschmecken. Die Suppe auf Teller verteilen und mit den Mandelblättchen und den Garnelen garniert servieren.

KAROTTEN-LINSEN-SUPPE MIT WÜRSTCHEN

Für 4 Personen — Zubereitung: 30 Minuten — Garen: etwa 25 Minuten
Schwierigkeitsgrad: leicht

1 Zwiebel
500 g Karotten
2 EL Olivenöl
800 ml Gemüsebrühe
6 EL rote Linsen
Salz, Pfeffer aus der Mühle
frisch geriebene Muskatnuss
2 Wiener Würstchen

Nährwerte pro Portion: 209 kcal/882 kJ, 7,6 g EW, 8,4 g F, 23 g KH, 5,7 g Bst, 0,1 mg Chol, 1 BE

Die Zwiebel und die Karotten schälen, in kleine Würfel schneiden und in einem Topf im heißen Öl anschwitzen. Die Brühe hinzufügen und bei mittlerer Temperatur etwa 25 Minuten köcheln lassen. Inzwischen die Linsen unter fließendem Wasser abbrausen und in kochendem Salzwasser in 10–12 Minuten weich garen. Abseihen und abtropfen lassen.

Die Suppe mit dem Stabmixer pürieren und mit Salz, Pfeffer und Muskat würzen.

Die Würstchen in dünne Scheiben schneiden und mit den gut abgetropften Linsen in die Suppe geben. Kurz erwärmen lassen und die Suppe noch einmal abschmecken. Auf Suppentassen verteilen.

FEINE KÜRBISSUPPE MIT KURKUMA

Für 4 Personen — Zubereitung: 25 Minuten — Garen: etwa 30 Minuten
Schwierigkeitsgrad: leicht

400 g Muskatkürbis
1 Zwiebel
1 Karotte
1 Apfel
4 EL Olivenöl
1 TL frisch geriebene Kurkuma
75 ml Weißwein
850 ml Gemüsebrühe
Salz, Pfeffer aus der Mühle
1 Lorbeerblatt
1 Zweig Thymian
frisch geriebene Muskatnuss

Nährwerte pro Portion: 214 kcal/901 kJ, 1,9 g EW, 15,2 g F, 12,6 g KH, 3,5 g Bst, 0,1 mg Chol, 0,5 BE

Den Kürbis schälen, entkernen und in grobe Stücke schneiden. Die Zwiebel und die Karotte schälen und zerkleinern. Den Apfel schälen, vierteln, entkernen und ebenfalls grob würfeln. In einem weiten Topf das Olivenöl erhitzen und das vorbereitete Gemüse sowie den Apfel darin anschwitzen. Die Kurkuma hinzufügen und mit Weißwein ablöschen. Diesen etwas einkochen lassen, dann die Gemüsebrühe angießen. Mit etwas Salz und Pfeffer würzen. Das Lorbeerblatt und den Thymianzweig hinzufügen und die Suppe etwa 30 Minuten bei mittlerer Temperatur kochen lassen.

Nach Ende der Garzeit das Lorbeerblatt und den Thymian entfernen und die Suppe in einem großen Mixer fein pürieren. Mit Muskat abschmecken und durch ein feines Sieb in einen anderen Topf passieren. Erneut abschmecken, in Suppenteller oder -schüsseln füllen und servieren.

FENCHEL-ORANGEN-SUPPE MIT CROÛTONS

Für 4 Personen — Zubereitung: 35 Minuten — Garen: etwa 25 Minuten
Schwierigkeitsgrad: leicht

1 Zwiebel
2 große Fenchelknollen (à 250–300 g)
100 g mehligkochende Kartoffeln
3–4 EL Olivenöl
etwa 750 ml Gemüsebrühe
2 Scheiben Dinkelvollkornbrot (etwa 120 g)
175 ml fettreduzierte Sahne (Kochsahne)
Abrieb und Saft von 1 unbehandelte Orange
Salz, Pfeffer aus der Mühle
frisch geriebene Muskatnuss

Nährwerte pro Portion: 326 kcal/1369 kJ, 7,3 g EW, 22,6 g F, 19,5 g KH, 8,5 g Bst, 0,2 mg Chol, 1,5 BE

Die Zwiebel schälen und fein hacken. Den Fenchel waschen, vierteln und den Strunk herausschneiden. Das Fruchtfleisch würfeln, das Fenchelgrün für die Garnitur beiseitelegen. Die Kartoffeln schälen und in kleine Würfel schneiden. In einem Topf die Gemüsewürfel in 2 EL heißem Olivenöl etwa 1–2 Minuten farblos anschwitzen. Dann die Brühe angießen, aufkochen und das Gemüse in etwa 20 Minuten bei niedriger Temperatur gar köcheln lassen.

Inzwischen das Brot würfeln und in einer Pfanne im restlichen Olivenöl (1–2 EL) rösten. Herausnehmen und auf Küchenpapier abtropfen lassen. Die Suppe mit dem Stabmixer fein pürieren und die Hälfte der Sahne sowie den Orangensaft unterrühren. Je nach gewünschter Konsistenz die Suppe noch etwas einköcheln lassen oder Brühe ergänzen. Mit Salz, Muskat und Pfeffer abschmecken.

Die restliche Sahne in einem Rührgefäß halbsteif schlagen. Die Fenchelsuppe auf Teller verteilen und mit je einem Klecks geschlagener Sahne anrichten. Mit Brotcroûtons, dem Fenchelgrün und dem Orangenabrieb garniert servieren.

SÜSSKARTOFFELSUPPE MIT GRÜNKOHL UND PEKANNÜSSEN

Für 4 Personen — Zubereitung: 15 Minuten — Garen: etwa 25 Minuten
Schwierigkeitsgrad: leicht

1 Zwiebel
1 Knoblauchzehe
2 Karotten
400 g Süßkartoffeln
150 g Knollensellerie
2 EL Rapsöl
Salz
Chilipulver
etwa 1 l Gemüsebrühe
200 g Grünkohl
40 g Pekannüsse
etwas frischer Zitronensaft
4 EL Naturjoghurt (0,2 % Fett)

Nährwerte pro Portion: 333 kcal/1391 kJ, 8,1 g EW, 14,6 g F, 36,6 g KH, 10,4 g Bst, 0 mg Chol, 2,5 BE

Die Zwiebel, den Knoblauch, die Karotten, die Süßkartoffeln und den Sellerie schälen. Alles klein würfeln und zusammen in einem Topf im heißen Öl in 2–3 Minuten hell anschwitzen. Mit Salz und Chilipulver würzen. Die Brühe angießen und etwa 20 Minuten leise köcheln lassen.

Inzwischen den Grünkohl waschen, die Blätter von den harten Stängeln streifen und in kochendem Salzwasser 1–2 Minuten blanchieren. Abseihen, kalt abschrecken, ausdrücken und grob hacken. In einer heißen Pfanne kurz schwenken und erwärmen. Die Pekannüsse hacken.

Am Ende der Garzeit die Suppe mit dem Stabmixer fein pürieren, nach Bedarf Brühe ergänzen oder noch etwas einköcheln lassen, dann vom Herd nehmen. Mit Salz, Zitronensaft und Chili abschmecken. Auf Suppenteller verteilen und mit je einem EL Joghurt garnieren. Den Grünkohl darübergeben und die Suppe mit den Nüssen bestreut servieren.

KARTOFFELSUPPE MIT SCHINKENWÜRFELN

Für 4 Personen — Zubereitung: 25 Minuten — Garen: etwa 25 Minuten
Schwierigkeitsgrad: leicht

2 kleine Zwiebeln
120 g luftgetrockneter Schinken (z.B. Parmaschinken)
800 g mehligkochende Kartoffeln
400 g Karotten
1 EL Rapsöl
1 l Gemüsebrühe
100 g Lauch
1–2 TL Currypulver
frisch geriebene Muskatnuss
Salz, Pfeffer aus der Mühle
Außerdem
1–2 EL Schnittlauchröllchen
1–2 EL Röstzwiebeln

Nährwerte pro Portion: 356 kcal/1490 kJ, 14 g EW, 11,9 g F, 43,2 g KH, 6,9 g Bst, 26 mg Chol, 3 BE

Die Zwiebeln schälen und fein hacken. Den Schinken klein würfeln. Die Kartoffeln und die Karotten schälen und in kleine Stücke schneiden. Das Öl in einem großen Topf erhitzen und die Zwiebel- und Schinkenwürfel darin kurz anbraten. Die Brühe angießen, die Kartoffeln und die Karotten hinzufügen und das Gemüse etwa 10 Minuten garen.

Inzwischen den Lauch putzen, halbieren, gründlich waschen und in Scheiben schneiden. Zur Suppe geben und alles zugedeckt bei mittlerer Temperatur weitere 10–12 Minuten köcheln lassen, bis das Gemüse weich ist. Den Topf vom Herd nehmen und die Suppe mit dem Stabmixer kurz stückig pürieren. Nochmals kurz erhitzen und mit Curry, Muskat, Salz und Pfeffer würzen.

Die Kartoffelsuppe auf Teller verteilen und mit Schnittlauch und Röstzwiebeln bestreut servieren.

MINESTRONE MIT QUINOA

Für 4 Personen — Zubereitung: 30 Minuten — Garen: etwa 20 Minuten
Schwierigkeitsgrad: leicht

je 1 gelbe und grüne Zucchini
2 rote Paprikaschoten
2 Tomaten
300 g Grünkohl
1 rote Zwiebel
1 Knoblauchzehe
2–3 Stängel Petersilie
2 Stängel Oregano
2 Zweige Thymian
1 Zweig Rosmarin
100 g gemischte Quinoa
Salz
2 EL Olivenöl
2 EL Paprikamark
150 ml Birkensaft (siehe Tipp)
1200 ml Gemüsebrühe
2 Lorbeerblätter
500 g Kichererbsen (aus der Dose)
Pfeffer aus der Mühle

Nährwerte pro Portion: 429 kcal/1797 kJ, 17,4 g EW, 18,4 g F, 41 g KH, 11,9 g Bst, 0,08 mg Chol, 3,5 BE

Tipp: Birkensaft schmeckt leicht süßlich und enthält viele gesunde Inhaltsstoffe. Sie können ihn aber ersetzen, indem Sie entsprechend mehr Gemüsebrühe verwenden.

Die Zucchini waschen, putzen, längs vierteln und in 1,5 cm dicke Stücke schneiden. Die Paprikaschoten waschen, putzen und in Würfel schneiden. Die Tomaten überbrühen, häuten, entkernen und das Fruchtfleisch würfeln. Den Grünkohl waschen, harte Stängel entfernen und die Blätter in mundgerechte Stücke schneiden. Die Zwiebel und den Knoblauch schälen und fein hacken. Die Kräuterzweige mit Küchengarn zusammenbinden.

Die Quinoa in einem Sieb unter fließendem heißem Wasser abbrausen, in etwa 300 ml kochendes Salzwasser streuen und 15–20 Minuten bei niedrigster Temperatur im geschlossenen Topf gar köcheln lassen. Inzwischen in einem großen Topf das Öl erhitzen und die Zwiebel mit dem Knoblauch darin glasig anschwitzen. Die Paprikastücke und das Paprikamark hinzufügen und kurz mitbraten. Mit dem Birkensaft ablöschen, die Brühe angießen und den Kräuterbund mit den Lorbeerblättern dazugeben. Den Grünkohl und die Zucchini in die Suppe geben und etwa 10 Minuten leise köcheln lassen. Die Kichererbsen abseihen, gut abtropfen lassen und mit den Tomaten in die Suppe rühren. Mit Salz und Pfeffer würzen und weitere 5 Minuten köcheln lassen. Den Kräuterbund und die Lorbeerblätter wieder herausnehmen. Die Quinoa untermengen, die Suppe abschmecken, auf Teller verteilen und servieren.

Salate

FITNESSSALAT MIT GEMÜSE, HIRSE UND KICHERERBSEN

Für 4 Personen — Zubereitung: 30 Minuten — Garen: etwa 10 Minuten
Quellen: etwa 40 Minuten — Schwierigkeitsgrad: leicht

250 ml Gemüsebrühe
120 g Hirse
1 Dose Kichererbsen (Abtropfgewicht etwa 200 g)
2 Stangen Staudensellerie
2 Schalotten
1 Knoblauchzehe
2 rote Paprikaschoten
100 g Kirschtomaten
125 g braune Champignons
4 EL Olivenöl
Salz, Pfeffer aus der Mühle
3–4 EL frischer Zitronensaft

Nährwerte pro Portion: 212 kcal/885 kJ, 7,71 g EW, 6,62 g F, 24,9 g KH, 5,91 g Bst, 0,03 mg Chol, 2,1 BE

In einem Topf die Brühe aufkochen, die Hirse einstreuen und 10 Minuten leise köcheln lassen. Den Herd ausschalten und die Hirse weitere 40 Minuten bei geschlossenem Deckel quellen lassen. Anschließend auskühlen lassen.

Die Kichererbsen abseihen und abtropfen lassen. Den Sellerie putzen, waschen, die Stangen längs halbieren und schräg in 5 cm lange Stücke schneiden. Die Schalotte und den Knoblauch schälen und fein hacken. Die Paprika waschen, putzen und in schmale Streifen schneiden. Die Tomaten waschen und halbieren. Die Champignons putzen und in Scheiben schneiden. In einer Pfanne 2 EL Öl erhitzen und die Schalotten und den Knoblauch darin anschwitzen. Den Sellerie hinzufügen und unter Wenden 2 Minuten braten. Die Champignons dazugeben und 3–4 Minuten mitbraten, bis die entstandene Flüssigkeit wieder verdampft ist. Aus der Pfanne in eine Schüssel geben. Das restliche Öl (2 EL) erhitzen und die Paprika anbraten. Ebenfalls in die Schüssel geben. Mit Salz, Pfeffer und Zitronensaft kräftig abschmecken. Die Hirse, die Tomaten und die Kichererbsen untermischen, erneut abschmecken und servieren.

RUCOLA-BASILIKUM-SALAT MIT KIRSCHTOMATEN UND PINIENKERNEN

Für 4 Personen — Zubereitung: 15 Minuten — Schwierigkeitsgrad: leicht

50 g Pinienkerne
300 g Kirschtomaten
100 g getrocknete Tomaten (Softtomaten)
1 Handvoll Basilikum
2 Handvoll Rucola
1 TL getrocknete Kräuter der Provence
4 EL Olivenöl
3 EL weißer Balsamicoessig
Salz, Pfeffer aus der Mühle

Nährwerte pro Portion: 386 kcal/1606 kJ, 4,1 g EW, 34,2 g F, 13,8 g KH, 1,8 g Bst, 0,2 mg Chol, 1 BE

Die Pinienkerne in einer beschichteten Pfanne ohne Fettzugabe duftend rösten, herausnehmen und abkühlen lassen. Inzwischen die Kirschtomaten waschen und halbieren, die getrockneten Tomaten in Streifen schneiden. Das Basilikum waschen, trocken schütteln und die Blätter von den Stängeln zupfen. Den Rucola verlesen, waschen und trocken schleudern.

Die Rucola- und Basilikumblätter vermischen und auf Tellern anrichten. Die frischen und die getrockneten Tomaten sowie die Pinienkerne darüber verteilen. Mit den Kräutern der Provence bestreuen.

In einer kleinen Schüssel das Olivenöl mit dem Essig, Salz und Pfeffer verrühren und das Dressing vor dem Servieren über den Salat träufeln.

ORIENTALISCHER AUBERGINENSALAT

Für 4 Personen — Zubereitung: 30 Minuten — Ziehen: etwa 20 Minuten
Garen: etwa 15 Minuten — Schwierigkeitsgrad: leicht

700 g Auberginen
Salz
1 Dose Kichererbsen (Abtropfgewicht etwa 200 g)
1 unbehandelte Orange
80 g getrocknete Tomaten (Softtomaten)
6 getrocknete Datteln
4 EL Olivenöl
Pfeffer aus der Mühle
1 EL Granatapfelsirup
2 EL Tomatenmark
2 EL Tomatenpüree
½ TL gemahlener Zimt
Cayennepfeffer
1 Handvoll Petersilienblättchen
160 g Naturjoghurt (0,2 % Fett)
½ TL Harissa-Pulver
1 TL Kreuzkümmelsamen
1 TL Schwarzkümmelsamen

Nährwerte pro Portion: 493 kcal/2062 kJ, 9,9 g EW, 26,2 g F, 48,5 g KH, 10,2 g Bst, 0,2 mg Chol, 3,5 BE

Die Auberginen waschen, längs in etwa 1 cm dicke Scheiben schneiden, salzen und 20 Minuten ziehen lassen. Die Kichererbsen abseihen, kalt abbrausen und abtropfen lassen. Die Orange heiß waschen, trocknen und die Schale zur Hälfte fein abreiben, zur Hälfte in Zesten abziehen; den Saft auspressen. Die getrockneten Tomaten in Streifen schneiden. Die Datteln entsteinen und quer in Streifen schneiden. Von den Auberginen das Salz abspülen, die Scheiben gut ausdrücken und mit Küchenpapier trocken tupfen. Eine Grillpfanne erhitzen, mit 2 EL Öl auspinseln und die Auberginenscheiben darin portionsweise von jeder Seite etwa 1 Minute grillen. Dann herausnehmen, abkühlen lassen und mit wenig Salz und Pfeffer würzen. In einer kleinen Schale das restliche Öl (2 EL) mit dem Granatapfelsirup, dem Tomatenmark, dem Tomatenpüree, der abgeriebenen Orangenschale und 3 EL Orangensaft verrühren.

Das Dressing mit Salz, Pfeffer, Zimt und Cayennepfeffer würzen. Die Petersilie waschen, trocken tupfen und grob hacken. Den Joghurt mit etwas Salz und Harissa glatt rühren. Die Kreuz- und Schwarzkümmelsamen in einer beschichteten Pfanne ohne Fettzugabe kurz rösten, herausnehmen und leicht abkühlen lassen. Die gegrillten Auberginenscheiben auf einer Platte anrichten. Die Kichererbsen, die Datteln und die getrockneten Tomaten darüber verteilen. Mit dem Tomatendressing beträufeln und einen kleinen Klecks Joghurtdressing daraufsetzen. Den Auberginensalat mit der Petersilie, den Orangenzesten und den gerösteten Gewürzen bestreuen und servieren. Das restliche Joghurtdressing separat dazu reichen.

GEBACKENER KÜRBIS MIT HIRSESALAT

Für 4 Personen — Zubereitung: 30 Minuten — Garen: etwa 25 Minuten
Schwierigkeitsgrad: leicht

Für den Kürbis

1 kleiner Hokkaidokürbis (etwa 1,2 kg)

2 EL Olivenöl

6–8 Anissterne

3 Zimtstangen

grobes Meersalz

Pfeffer aus der Mühle

Für den Hirsesalat

200 g Hirse

Salz

2 rote Paprikaschoten

3 Schalotten

2 Handvoll Koriandergrün

Abrieb und Saft von 2 unbehandelte Limetten

2 EL Olivenöl

Pfeffer aus der Mühle

Nährwerte pro Portion: 495 kcal/2083 kJ, 10,6 g EW, 23 g F, 53,1 g KH, 10,9 g Bst, 0,15 mg Chol, 3 BE

Für den Kürbis den Backofen auf 180 °C Umluft vorheizen. Den Kürbis waschen und trocknen, halbieren, entkernen und in dünne Spalten schneiden. Auf einem Backblech mit Backpapier verteilen und mit dem Öl bepinseln. Die Anissterne und die zerkleinerten Zimtstangen darüber verteilen, mit Meersalz und Pfeffer bestreuen. Im Ofen etwa 25 Minuten garen und dabei nach der Hälfte der Zeit wenden. Der Kürbis ist fertig, wenn er sich leicht einstechen lässt; dann aus dem Ofen nehmen.

Während der Kürbis gart, für den Salat die Hirse nach Packungsanleitung in kochendem Salzwasser garen, abseihen, abtropfen und in einer Schüssel abkühlen lassen. Die Paprika waschen, putzen und fein würfeln. Die Schalotten schälen und ebenfalls in kleine Würfel schneiden. Den Koriander waschen, trocken schütteln und die Blätter klein schneiden. Die Hirse mit allen Zutaten für den Salat vermischen, mit Salz und Pfeffer abschmecken.

Die noch warmen Kürbisspalten und den Hirsesalat auf Tellern anrichten und servieren.

QUINOASALAT MIT GEGRILLTEM MAIS

Für 4 Personen — Zubereitung: 35 Minuten — Garen: etwa 30 Minuten
Schwierigkeitsgrad: leicht

2 Maiskolben
Salz
etwa 500 ml Gemüsebrühe
250 g Quinoa
1 rote Spritzpaprika
3 EL Olivenöl
2 Stängel Petersilie
1 grüne Chilischote
250 g Kirschtomaten
2 Avocados
3 Limetten
4 EL Weißweinessig
Pfeffer aus der Mühle
1 TL Agavendicksaft

Nährwerte pro Portion: 565 kcal/2378 kJ, 14,9 g EW, 25,7 g F, 59,5 g KH, 10,9 g Bst, 0,1 mg Chol, 5 BE

Die Maiskolben von Blättern und Fäden befreien und in kochendem Salzwasser etwa 15 Minuten garen, dann abseihen und abtropfen lassen. Während der Mais gart, die Gemüsebrühe in einem Topf zum Kochen bringen. Die Quinoa in einem Sieb unter fließendem kaltem Wasser abbrausen, dann in der kochenden Brühe in etwa 15 Minuten bissfest garen. Die Paprika waschen, putzen, halbieren und in dünne Streifen schneiden. In den letzten 2 Minuten der Garzeit die Paprikastreifen zur Quinoa geben und mitkochen lassen. Vom Herd nehmen und beiseitestellen.

Die Maiskolben rundum mit 1 EL Olivenöl bestreichen und auf dem heißen Grill (oder in einer Grillpfanne) etwa 10 Minuten von allen Seiten grillen. Die Petersilie waschen, trocken schütteln, die Blätter abzupfen und grob hacken. Die Chilischote waschen, putzen und sehr fein schneiden. Die Kirschtomaten waschen und halbieren. Die Avocados halbieren, entkernen, das Fruchtfleisch herausheben und fein würfeln. Eine Limette auspressen und die Avocadowürfel damit beträufeln. Die beiden anderen Limetten in Spalten schneiden.

In einer Schüssel den Essig, das restliche Olivenöl (2 EL), Salz, Pfeffer und den Agavendicksaft verquirlen. Die Quinoa mit den Tomaten, den Chiliwürfeln, der Petersilie und der Avocado in eine Schüssel geben. Die Maiskörner vom Kolben schneiden und hinzufügen. Das Dressing darüberträufeln und alles locker vermengen. Abschmecken und auf Tellern verteilen. Mit den Limettenspalten garnieren.

WINTERSALAT MIT SELLERIE UND PARMESANCHIPS

Für 4 Personen — Zubereitung: 20 Minuten — Garen: etwa 10 Minuten
Schwierigkeitsgrad: leicht

250 g Knollensellerie
1 Knoblauchzehe
2 EL Rapsöl
3–4 EL Apfelessig
100 ml Geflügel- oder Gemüsebrühe
Salz
4 EL frisch geriebener Parmesan
120 g Babyspinat
40 g getrocknete Cranberrys
2–3 EL Naturjoghurt (0,2 % Fett)
1 EL Dijonsenf
schwarzer Pfeffer, zerstoßen

Nährwerte pro Portion: 210 kcal/878 kJ, 8,7 g EW, 13,4 g F, 11,3 g KH, 3,8 g Bst, 19 mg Chol, 1 BE

Den Sellerie schälen, waschen und klein würfeln. Den Knoblauch schälen und fein hacken. Beides in einer Pfanne im heißen Öl hell anschwitzen. Mit dem Essig und der Brühe ablöschen, leicht salzen und zugedeckt 5–6 Minuten garen, sodass der Sellerie noch leichten Biss hat. Dann vom Herd nehmen und in der offenen Pfanne leicht abkühlen lassen.

Währenddessen den Parmesan in vier kleinen Häufchen in eine heiße, beschichtete Pfanne setzen, leicht flach drücken und schmelzen lassen. Ist der Käse golden gebräunt, herausnehmen und auf Backpapier abkühlen lassen. Den Spinat waschen, putzen und trocken schleudern. Die Cranberrys grob hacken.

Den Joghurt und den Senf unter den abgekühlten Sellerie rühren und das Gemüse abschmecken. Den Spinat auf Tellern anrichten, den Sellerie darübergeben und mit den Cranberrys und etwas gestoßenem Pfeffer bestreuen. Mit den Parmesanchips garniert servieren.

BUNTE SALATSCHÜSSEL MIT GARNELEN UND HÜTTENKÄSE

Für 4 Personen — Zubereitung: 25 Minuten — Garen: etwa 8 Minuten
Schwierigkeitsgrad: leicht

200 g grüne Bohnen
Salz
1 unbehandelte Salatgurke
500 g Kirschtomaten
100 g Physalis
1 Handvoll Basilikum
60 g Mandeln
2 Handvoll Rucola
2 EL frischer Zitronensaft
2 EL weißer Balsamicoessig
3 EL Olivenöl
Pfeffer aus der Mühle
120 g Garnelen, gegart
200 g Hüttenkäse

Nährwerte pro Portion: 277 kcal/1162 kJ, 16 g EW, 14,4 g F, 17,5 g KH, 2,1 g Bst, 5,6 mg Chol, 1 BE

Die Bohnen waschen, putzen und in kochendem Salzwasser in 6–8 Minuten bissfest kochen. Abseihen, eiskalt abschrecken, gut abtropfen lassen und schräg in 3–4 cm lange Stücke schneiden. Die Gurke waschen, die Enden abtrennen, aber nicht schälen. Längs halbieren, die Kerne herausschaben und die Hälften in etwa 1 cm dicke Scheiben schneiden. Die Kirschtomaten waschen und halbieren. Die Physalis von den Hüllblättern befreien und waschen. Das Basilikum abbrausen, trocken schütteln und die Blätter abzupfen; einige Blätter zum Garnieren beiseitelegen. Die Mandeln grob hacken. Den Rucola waschen, putzen und trocken tupfen.

In einer großen Schüssel den Zitronensaft mit dem Essig und dem Öl verrühren. Das Dressing mit Salz und Pfeffer abschmecken. Alle vorbereiteten Salatzutaten unter das Dressing mengen, dann auf vier Salatschüsseln oder -teller verteilen. Die Garnelen und den Hüttenkäse daraufsetzen und den Salat mit den beiseitegelegten Basilikumblättern garniert servieren.

Kleine Gerichte

LACHSTATAR MIT GURKE

Für 4 Personen — Zubereitung: 20 Minuten — Schwierigkeitsgrad: leicht

300 g frisches Lachsfilet in Sushi-Qualität (ohne Haut)
1 Schalotte
½ Salatgurke
2 EL Olivenöl
Abrieb und Saft von ½ unbehandelten Limette
Meersalz
Pfeffer aus der Mühle
Dillspitzen zum Garnieren

Nährwerte pro Portion: 221 kcal/929 kJ, 15,6 g EW, 16,4 g F, 1,9 g KH, 1 g Bst, 43 mg Chol, 0 BE

Den Lachs kalt abwaschen, trocken tupfen und mit einem scharfen Messer sehr fein würfeln. Die Schalotte schälen und in feinste Würfel schneiden. Die Gurke schälen, der Länge nach halbieren und entkernen. Zum Garnieren einige Streifen mit einem Sparschäler abziehen, den Rest klein würfeln. In einer Schüssel den Lachs mit der Schalotte, der Gurke und dem Öl mischen. Mit dem Limettenabrieb, Salz und Pfeffer abschmecken. Den Saft der Limette hinzufügen und alles gut vermengen.

Das Tatar nach Belieben in kleine Förmchen füllen, andrücken, auf kleine Teller stürzen und mit Pfeffer übermahlen. Mit den Gurkenstreifen und Dill garniert servieren.

CROSTINI MIT ERBSEN-BOHNEN-PÜREE UND RADIESCHEN

Für 4 Personen bzw. für 8 Stück — Zubereitung: 25 Minuten — Garen: etwa 20 Minuten
Schwierigkeitsgrad: leicht

150 g dicke grüne Bohnen, gepalt
Salz
150 g Erbsen
1 Knoblauchzehe
2 EL Olivenöl
2–3 EL frischer Zitronensaft
Pfeffer aus der Mühle
3–4 Radieschen
1 Handvoll Rucola
einige Kräuterblättchen (z.B. Basilikum, Minze, Melisse)
8 Scheiben Dinkelbaguette
2 EL grob geriebener Parmesan

Nährwerte pro Portion: 295 kcal/1244 kJ, 13,2 g EW, 12,3 g F, 29 g KH, 7,3 g Bst, 6,2 mg Chol, 2 BE

Die Bohnen in kochendem Salzwasser etwa 8 Minuten blanchieren, dann mit dem Schaumlöffel in ein Sieb heben, kalt abschrecken, abtropfen und abkühlen lassen. Die Haut der Bohnen abziehen. Die Erbsen im Bohnenkochwasser etwa 5 Minuten blanchieren, abseihen, abschrecken und abtropfen lassen. Inzwischen den Backofen auf Grillstufe vorheizen.

Die Bohnen und die Erbsen in einer Schüssel mischen und mit einer Gabel fein zerdrücken oder mit dem Stabmixer etwas anpürieren. Den Knoblauch schälen und dazupressen. Das Öl unter das Püree rühren, mit dem Zitronensaft, Salz und Pfeffer abschmecken.

Die Radieschen waschen, putzen und in dünne Scheiben schneiden. Den Rucola und die Kräuter waschen, verlesen und trocken schleudern. Die Brotscheiben im heißen Ofen etwa 5 Minuten unter Wenden rösten. Herausnehmen und mit dem Erbsen-Bohnen-Püree bestreichen. Je zwei Crostini auf einen Teller geben. Einige Radieschenscheiben, etwas Rucola und ein paar Kräuterblättchen darauf verteilen und die Crostini mit Parmesan bestreut servieren.

PUMPERNICKEL-HÄPPCHEN MIT ROSENKOHL

Für 4 Personen — Zubereitung: 20 Minuten — Garen: etwa 20 Minuten
Schwierigkeitsgrad: leicht

600 g Rosenkohl
Salz
1 Schalotte
150 g Tofu
1 säuerlicher Apfel
1 Birne
1 EL Olivenöl
75 ml Sojasahne oder Kochsahne
Pfeffer aus der Mühle
4 Scheiben Pumpernickel
Petersilienblätter und Dillspitzen zum Garnieren

Nährwerte pro Portion: 297 kcal/1243 kJ, 14,1 g EW, 10,5 g F, 30,4 g KH, 11,5 g Bst, 0,1 mg Chol, 2 BE

Den Rosenkohl waschen, putzen, halbieren und in kochendem Wasser mit wenig Salz etwa 10 Minuten garen, sodass er noch leichten Biss hat. Dann abseihen, abschrecken und gut abtropfen lassen. Die Schalotte schälen und fein hacken. Den Tofu klein würfeln. Den Apfel und die Birne waschen, vierteln, entkernen und das Fruchtfleisch klein würfeln.

Die Schalotte in einer Pfanne im heißen Öl glasig anschwitzen. Den Tofu mit in die Pfanne geben und in 2–3 Minuten goldbraun rösten. Den Apfel und die Birne hinzufügen und 1–2 Minuten mitbraten. Die Sahne darüberträufeln und cremig einköcheln lassen. Den Rosenkohl dazugeben und darin heiß werden lassen, dann vom Herd nehmen und mit Salz und Pfeffer abschmecken.

Die Pumpernickelscheiben jeweils diagonal vierteln, kurz in einer heißen Pfanne ohne Fettzugabe anrösten und auf vier Teller geben. Das Rosenkohlgemüse darauf verteilen und mit den Kräutern garniert servieren.

ZIEGENKÄSETALER MIT SCHNITTLAUCH UND CRANBERRYS

Für 4 Personen — Zubereitung: 10 Minuten — Schwierigkeitsgrad: leicht

150 g Ziegenfrischkäse (Rolle)
1 Bund Schnittlauch
2–3 EL getrocknete Cranberrys

Nährwerte pro Portion: 105 kcal/441 kJ, 4,5 g EW, 4,8 g F, 9,7 g KH, 2 g Bst, 0 mg Chol, 1 BE

Die Frischkäserolle in vier gleich große Stücke schneiden. Den Schnittlauch waschen, trocken schütteln, in feine Röllchen schneiden und diese auf einen Teller geben. Die Ziegenkäsetaler darin rundherum wälzen. Auf eine Platte oder ein Holzbrett setzen. Die Cranberrys grob hacken und über die Käsetaler streuen. Bis zum Servieren in den Kühlschrank stellen.

Tipp: Dazu passt geröstetes Dinkelbrot.

KAROTTENPUFFER MIT JOGHURTDIP

Für 4 Personen — Zubereitung: 45 Minuten — Braten: etwa 15 Minuten
Schwierigkeitsgrad: leicht

Für die Puffer

250 g festkochende Kartoffeln
400 g Karotten
250 g Zucchini
1 Handvoll frische Petersilie
2 Eier
100 g Dinkelvollkornmehl
2 EL Kartoffelstärke
Salz, Pfeffer aus der Mühle
frisch geriebene Muskatnuss
3 EL Rapsöl

Für den Dip

250 g Naturjoghurt (1,5 % Fett)
1 EL Schnittlauchröllchen
Meersalz
1 Spritzer frischer Zitronensaft
Cayennepfeffer

Nährwerte pro Portion: 386 kcal/1570 kJ, 13,9 g EW, 14,3 g F, 45,7 g KH, 7,3 g Bst, 120 mg Chol, 3 BE

Mit dem Dip beginnen. Dazu den Joghurt in eine Schüssel geben. Den Schnittlauch unterrühren und mit Meersalz, Zitronensaft sowie Cayennepfeffer abschmecken. In Schälchen füllen und kühl stellen.

Für die Puffer die Kartoffeln und die Karotten schälen, waschen und grob raspeln. Beides gut ausdrücken und in eine große Schüssel geben. Die Zucchini waschen, grob raspeln und hinzufügen. Die Petersilie waschen, trocken schütteln, fein hacken und ebenfalls zum Gemüse in die Schüssel geben. Alles mit den Eiern, dem Mehl und der Stärke vermengen und mit Salz, Pfeffer und Muskat würzen.

In einer großen Pfanne etwas Öl heiß werden lassen und portionsweise kleine Puffer braten. Dazu mit einem Esslöffel kleine Häufchen der Puffermasse hineingeben und diese flach drücken. Die Puffer 3–5 Minuten goldbraun anbraten, wenden und weitere 3–5 Minuten von der anderen Seite braten. Die Puffer herausnehmen, auf Küchenpapier abtropfen lassen und warm halten, bis alle gebraten sind. Anschließend auf Tellern anrichten und den Joghurtdip dazu servieren.

KNUSPRIGE TOMATENKRAPFEN MIT GURKEN-QUARK-DIP

Für 4 Personen — Zubereitung: 15 Minuten — Ruhen: etwa 15 Minuten
Frittieren: etwa 10 Minuten — Schwierigkeitsgrad: leicht

Für die Tomatenkrapfen

400 g Kirschtomaten

100 g Dinkelvollkornmehl

100 g Speisestärke

2 Eiweiß

½ TL Salz

½ TL edelsüßes Paprikapulver

1 Msp. Cayennepfeffer

Pfeffer aus der Mühle

Rapsöl zum Frittieren

Für den Dip

½ unbehandelte Salatgurke

250 g Magerquark

50 g Naturjoghurt (1,5 % Fett)

1 Knoblauchzehe, geschält und fein gehackt

2–3 EL frischer Zitronensaft

Salz

weißer Pfeffer

2 EL Olivenöl

Nährwerte pro Portion: 464 kcal/1943 kJ, 15,7 g EW, 22,5 g F, 46,8 g KH, 3 g Bst, 0,1 mg Chol, 4 BE

Für die Krapfen die Kirschtomaten waschen und gut trocken tupfen. Das Mehl mit der Stärke in eine Schüssel sieben. Das Eiweiß dazugeben, mit dem Salz, dem Paprikapulver und den beiden Pfeffersorten würzen und mit einem Schneebesen zügig verrühren. Etwa 300 ml kaltes Wasser auf einmal dazugießen. Alles zu einem glatten Teig vermengen und 10–15 Minuten zugedeckt ruhen lassen.

Inzwischen für den Quarkdip die Gurke waschen, mitsamt der Schale raspeln und ausdrücken. In eine Schüssel geben und mit den übrigen Zutaten sowie 1 EL Öl verrühren. Den Dip abschmecken, in vier Schälchen geben und mit dem restlichen Öl (1 EL) beträufeln.

Zum Frittieren reichlich Öl in einem Topf oder in einer Fritteuse erhitzen (etwa 170 °C). Die Tomaten portionsweise durch den Teig ziehen und im heißen Öl in 2–3 Minuten knusprig frittieren. Mit einem Schaumlöffel herausheben, auf Küchenpapier abtropfen lassen und zum Servieren kleine Spieße in die Tomaten stecken. Den Quarkdip dazu reichen.

KAROTTEN-BROKKOLI-PÂTÉ

**Für 1 Kastenform (1 l Inhalt) bzw. für etwa 8 Scheiben — Zubereitung: 1 Stunde
Garen: etwa 1 Stunde — Kühlen: etwa 12 Stunden — Schwierigkeitsgrad: schwer**

300 g mehligkochende Kartoffeln
300 ml Gemüsebrühe
100 g Sojagranulat
4 ½ TL Agar-Agar
6 EL Sojasahne
Salz, Pfeffer aus der Mühle
frisch geriebene Muskatnuss
gemahlener Kümmel
200 g Karotten
200 g Brokkoli
1 Beet Kresse

Nährwerte pro Portion: 97 kcal/405 kJ, 4,3 g EW, 3,4 g F, 10 g KH, 5,8 g Bst, 0 mg Chol, 0,5 BE

Die Kartoffeln waschen und in kochendem Wasser in etwa 25 Minuten gar kochen. Anschließend abseihen, kurz ausdampfen lassen, pellen und mit dem Kartoffelstampfer zerdrücken.

In einem Topf die Gemüsebrühe erhitzen. Das Sojagranulat darin etwa 10 Minuten leicht köcheln lassen, bis es weich wird. Dann abseihen (die Flüssigkeit auffangen) und das Granulat gut ausdrücken. In einer Schüssel mit etwa einem Drittel der Kartoffeln gut vermengen. Etwa 60 ml der aufgefangenen Brühe aufkochen und 1 ½ TL Agar-Agar einrühren. Zur Soja-Kartoffel-Masse geben und 2 EL Sojasahne untermengen. Mit Salz, Pfeffer, Muskat und Kümmel kräftig würzen.

Die Kastenform mit Frischhaltefolie auslegen. Die Masse in die Form füllen und fest drücken. In den Kühlschrank stellen.

Inzwischen die Karotten schälen und in kleine Stücke schneiden. In kochendem Salzwasser in etwa 10 Minuten weich kochen, abseihen, gut abtropfen lassen und mit dem Kartoffelstampfer zerdrücken. In eine Schüssel geben, ebenfalls ein Drittel der Kartoffeln untermengen und die Masse gut würzen. Weitere 60 ml Brühe aufkochen, 1 ½ TL Agar-Agar auflösen und zur Karottenmasse geben. 2 EL Sojasahne hinzufügen, alles gut vermengen und auf das Sojagranulat in die Form füllen. Gut andrücken und wieder kühlen.

Währenddessen den Brokkoli waschen, putzen, in kleine Röschen teilen und in kochendem Salzwasser in 5–8 Minuten weich garen. Abseihen, abtropfen lassen und zerstampfen. In eine Schüssel geben, die restlichen Kartoffeln untermischen. Nochmals 60 ml Brühe aufkochen, 1 ½ TL Agar-Agar darin auflösen und zum Brokkoli geben. Mit 2 EL Sojasahne vermengen und würzen. Auf die Karottenmasse in der Form geben und gut andrücken. Die Pâté mit Folie bedeckt über Nacht im Kühlschrank ruhen lassen. Vor dem Servieren mit der Kresse garnieren.

Hauptgerichte mit Fleisch oder Fisch

GEBRATENE HÄHNCHENBRUST AUF GEMÜSE

Für 4 Personen — Zubereitung: 30 Minuten — Garen: etwa 35 Minuten
Schwierigkeitsgrad: leicht

4 Hähnchenbrustfilets (à etwa 140 g)
Salz, Pfeffer aus der Mühle
2 EL Olivenöl
2 rote Paprikaschoten
4 Frühlingszwiebeln
2 Schalotten
4 Tomaten
400 g stückige Tomaten (aus der Dose)
1 TL getrockneter Oregano
1 Handvoll frisches Basilikum

Nährwerte pro Portion: 462 kcal/1940 kJ, 11,5 g EW, 11,0 g F, 39,8 g KH, 6,9 g Bst, 77,8 mg Chol, 2,5 BE

Das Hähnchenfleisch kalt abwaschen, trocken tupfen und mit Salz und Pfeffer würzen. In einer Pfanne in 1 EL heißem Öl rundherum goldbraun anbraten. Wieder aus der Pfanne nehmen und beiseitestellen. Den Backofen auf 180 °C Umluft vorheizen.

Die Paprikaschoten waschen, halbieren, putzen und grob würfeln. Die Frühlingszwiebeln waschen, putzen und in feine Ringe schneiden. Die Schalotten schälen und halbieren. Die Tomaten waschen, vom Stielansatz befreien und grob würfeln. Das restliche Öl (1 EL) in der Pfanne erhitzen und die Paprika- und Schalottenwürfel etwa 1 Minute anbraten. Die Frühlingszwiebeln und die Tomaten untermischen. Die stückigen Tomaten hinzufügen und alles mit Salz, Pfeffer und Oregano würzen. Das Basilikum waschen, trocken schütteln und die Blätter abzupfen. Einige Blätter zum Garnieren beiseitelegen, die restlichen fein schneiden und unter das Gemüse rühren. Dieses in zwei kleine Auflaufformen (oder eine große Form) geben.

Die angebratenen Hähnchenbrustfilets auf das Gemüse legen (nach Belieben mit etwas Sauce bestreichen) und im Ofen etwa 25 Minuten backen. Herausnehmen und mit dem beiseitegelegten Basilikum garniert servieren.

PUTEN-CHILI MIT TOMATEN, PAPRIKA UND MAIS

Für 4 Personen — Zubereitung: 35 Minuten — Garen: etwa 30 Minuten
Schwierigkeitsgrad: leicht

600 g Putenbrustfilet
1 Zwiebel
2 Knoblauchzehen
1 rote Paprikaschote
2 Chilischoten
2 EL Olivenöl
2 EL edelsüßes Paprikapulver
1 TL gemahlene Kurkuma
300 ml Gemüsebrühe
200 g passierte Tomaten (aus der Dose)
1 Dose Mais (285 g Abtropfgewicht)
Salz, Pfeffer aus der Mühle
2 EL frisch gehackte Petersilie
glatte Petersilie zum Garnieren

Nährwerte pro Portion: 333 kcal/1394 kJ, 40,2 g EW, 10,9 g F, 15,3 g KH, 4,9 g Bst, 66 mg Chol, 1 BE

Das Putenfleisch kalt abwaschen, trocken tupfen und in etwa 2 cm große Würfel schneiden. Die Zwiebel und den Knoblauch schälen und hacken. Die Paprika- und die Chilischoten waschen, halbieren, putzen und fein würfeln.

Das Fleisch in einem Topf im heißen Öl rundherum anbraten. Das Paprikapulver darüberstauben, die Zwiebeln, den Knoblauch, die Paprika- und Chiliwürfel und das Kurkumapulver dazugeben und kurz mitbraten. Die Gemüsebrühe und die passierten Tomaten hinzufügen, alles aufkochen und etwa 20 Minuten köcheln lassen.

Am Ende der Garzeit den abgetropften Mais unterheben und alles weitere 5 Minuten köcheln lassen. Mit Salz und Pfeffer abschmecken, die gehackte Petersilie unterrühren. Das Puten-Chili mit Petersilienblättchen garniert servieren.

TANDOORI-HÄHNCHENSPIESSE MIT JOGHURTDIP UND PITABROT

Für 4 Personen — Zubereitung: 30 Minuten — Grillen: etwa 15 Minuten
Schwierigkeitsgrad: leicht

500 g Hähnchenbrustfilet
400 g Naturjoghurt (1,5 % Fett)
4 EL Tandooripaste (aus dem Glas)
300 g Kürbisfruchtfleisch (z.B. Butternuss)
2 Zucchini
12 Blumenkohlröschen
Olivenöl zum Bestreichen
4 Pitabrote aus Dinkelmehl
1 Handvoll Minze
1 Handvoll Koriandergrün
Saft von ½ Limette
Salz, Pfeffer aus der Mühle
1 unbehandelte Salatgurke

Nährwerte pro Portion: 462 kcal/1940 kJ, 44,6 g EW, 11,5 g F, 39,8 g KH, 6,9 g Bst, 77 mg Chol, 2,5 BE

Einen Grill vorheizen. Das Hähnchenfleisch kalt waschen, trocken tupfen und in etwa 2,5 cm große Würfel schneiden. In einer großen Schüssel 2–3 EL Joghurt mit der Tandooripaste verrühren und mit dem Fleisch vermengen. Das Kürbisfruchtfleisch würfeln. Die Zucchini waschen, putzen und in etwa 2 cm dicke Scheiben schneiden. Den Blumenkohl waschen und gut abtropfen lassen.

Das Fleisch mit dem Gemüse abwechselnd auf vier große Spieße stecken und rundherum mit etwas Öl bestreichen. Auf dem heißen Grill unter Wenden 10–15 Minuten braten. In den letzten 5–10 Minuten die Pitabrote mit auf den Grill legen und anrösten.

Für den Dip die Minze und den Koriander abbrausen und trocken schütteln. Die Blätter abzupfen, etwas Minze zur Seite legen und die übrigen Kräuterblätter mit dem restlichen Joghurt und dem Limettensaft im Mixer fein pürieren. Den Dip mit Salz und Pfeffer abschmecken.

Die Gurke waschen und längs in dünne Scheiben schneiden. Die Pitabrote mit den Gurkenscheiben und den Spießen auf großen Tellern anrichten, mit etwas Joghurtsauce beträufeln und mit der beiseitegelegten Minze garnieren. Den restlichen Dip separat dazu reichen.

BLUMENKOHLGRATIN MIT PUTENBRUST UND FRISCHKÄSE

Für 4 Personen — Zubereitung: 30 Minuten — Garen: etwa 30 Minuten
Schwierigkeitsgrad: leicht

Olivenöl für die Formen
800 g Blumenkohl
Salz
4 Scheiben Putenbrustaufschnitt
200 g Frischkäse (Magerstufe)
200 ml Gemüsebrühe
2–3 EL geriebener Parmesan
Pfeffer aus der Mühle
frisch geriebene Muskatnuss
1 Prise edelsüßes Paprikapulver
3 EL Sonnenblumenkerne
Kresse zum Garnieren

Nährwerte pro Portion: 360 kcal/1510 kJ, 21,5 g EW, 24,3 g F, 10,5 g KH, 6,6 g Bst, 51 mg Chol, 0,5 BE

Den Backofen auf 180 °C Umluft vorheizen. Vier Portionsauflaufformen (oder eine große Form) mit Olivenöl auspinseln. Den Blumenkohl waschen, in Röschen teilen und diese in kochendem Salzwasser etwa 2 Minuten blanchieren. Dann abseihen, abschrecken und abtropfen lassen. Den Putenaufschnitt in Streifen schneiden und zusammen mit den Blumenkohlröschen in die Formen geben.

In einer Schüssel den Frischkäse mit der Brühe, dem Parmesan, Salz, Pfeffer, Muskat und dem Paprikapulver verquirlen. Die Mischung über den Blumenkohl gießen. Die Sonnenblumenkerne darüberstreuen und alles im Ofen in etwa 25 Minuten goldbraun überbacken. Das Gratin herausnehmen und mit Kresse garniert servieren.

GEGRILLTER LACHS MIT RHABARBER-CHILI-GEMÜSE

**Für 4 Personen — Zubereitung: 30 Minuten — Ziehen: etwa 30 Minuten
Garen: etwa 30 Minuten — Schwierigkeitsgrad: leicht**

500 g Lachsfilet (mit Haut)
2 EL salzarme Sojasauce
Saft von 1 Zitrone
200 g Naturreis
Salz
4–5 Frühlingszwiebeln
2 milde Chilischoten
600 g Rhabarber
4 EL Olivenöl
1 EL Ahornsirup
125 ml Gemüsebrühe
1 TL Ras el Hanout
Zitronenspalten zum Garnieren (nach Belieben)

Nährwerte pro Portion: 596 kcal/2506 kJ, 30,7 g EW, 30,5 g F, 44,1 g KH, 5,8 g Bst, 72,6 mg Chol, 3,5 BE

Den Lachs abbrausen, trocken tupfen und in vier Tranchen schneiden. Diese in eine flache Form legen. Die Sojasauce und 2 EL Zitronensaft darüberträufeln und zugedeckt im Kühlschrank etwa 30 Minuten ziehen lassen. Währenddessen den Reis in einem Sieb waschen, dann in kochendes Salzwasser streuen. Bei niedriger Temperatur etwa 30 Minuten quellen lassen (oder nach Packungsanweisung garen). In der Zwischenzeit die Frühlingszwiebeln waschen, putzen und in Röllchen schneiden. Die Chilischoten waschen, putzen und in Ringe schneiden. Den Rhabarber waschen, putzen und falls nötig die Fäden ziehen. Dicke Stangen längs halbieren und den Rhabarber in etwa 5 cm lange Stücke schneiden. In einer Pfanne 1–2 EL Öl erhitzen. Die Frühlingszwiebel- und Chiliringe und den Rhabarber darin anschwitzen. Mit dem Ahornsirup beträufeln und leicht karamellisieren lassen. Dann mit der Brühe ablöschen und 2–3 Minuten köcheln lassen. Den Fisch trocken tupfen und mit dem restlichen Öl (2–3 EL) bepinseln. Auf dem heißen Grill 3–5 Minuten je Seite garen (oder im Öl in einer Grillpfanne braten). Das Gemüse mit Ras el Hanout, Salz und Zitronensaft abschmecken und mit dem Lachs auf Tellern anrichten. Nach Belieben mit Zitronenspalten garnieren und den Reis dazu reichen.

GEBRATENER ZANDER MIT PRINZESSBOHNEN UND LIMETTEN-BÄRLAUCH-SAUCE

Für 4 Personen — Zubereitung: 20 Minuten — Garen: etwa 25 Minuten
Schwierigkeitsgrad: leicht

Für den Fisch und die Bohnen

500 g Prinzessbohnen

Salz

4 küchenfertige Zanderfilets (à etwa 180 g)

Pfeffer aus der Mühle

3 EL Olivenöl

1 EL frisch gehackter Dill

Für die Sauce

2 Schalotten

2 EL Olivenöl

200 ml Fischfond

1 EL frischer Zitronensaft

1 Handvoll Bärlauch

Abrieb und Saft von 1 unbehandelte Limette

1 TL Estragonsenf

100 g saure Sahne

Salz, Pfeffer aus der Mühle

Nährwerte pro Portion: 481 kcal/2024 kJ, 42,4 g EW, 23,4 g F, 21,1 g KH, 3,5 g Bst, 0,2 mg Chol, 1 BE

Die Bohnen waschen, putzen und in kochendem Salzwasser etwa 5 Minuten blanchieren, sodass sie noch leichten Biss haben. Dann abseihen, abschrecken und abtropfen lassen.

Für die Sauce die Schalotten schälen, würfeln und in einem Topf im heißen Olivenöl glasig anschwitzen. Mit dem Fond und dem Zitronensaft ablöschen und etwas einkochen lassen. Den Bärlauch abbrausen, trocken schütteln, harte Stiele abzupfen und die Blätter grob schneiden. Den Limettenabrieb und etwas Limettensaft, den Bärlauch, den Estragonsenf und die saure Sahne zur Sauce geben und mit dem Stabmixer pürieren. Durch ein feines Sieb in einen anderen Topf passieren, nach Bedarf noch etwas einkochen lassen und mit Limettensaft, Salz und Pfeffer abschmecken. Warm stellen.

Den Fisch abbrausen, trocken tupfen und mit Salz und Pfeffer würzen. Die Zanderfilets in einer beschichteten Pfanne in 2 EL heißem Öl auf der Hautseite in etwa 5 Minuten goldbraun braten. Wenden und in 1–2 Minuten gar ziehen lassen.

Die Bohnen im restlichen Öl (1 EL) zusammen mit dem Dill heiß schwenken und mit Salz und Pfeffer würzen. Auf Tellern anrichten, die Sauce darübergeben, den Fisch daraufsetzen und servieren.

FORELLE IM PERGAMENTPAPIER

Für 4 Personen — Zubereitung: 20 Minuten — Garen: etwa 20 Minuten
Schwierigkeitsgrad: leicht

4 Forellenfilets (à etwa 180 g, mit Haut)
2 Karotten
1 Stange Lauch
2 Tomaten
8 Champignons
2 Stängel Basilikum
4 EL frischer Zitronensaft
4 EL Rapsöl
Meersalz
Pfeffer aus der Mühle

Nährwerte pro Portion: 447 kcal/1878 kJ, 39,1 g EW, 27,8 g F, 8,2 g KH, 4,7 g Bst, 0,1 mg Chol, 0 BE

Den Backofen auf 160 °C Ober-/Unterhitze vorheizen. Inzwischen den Fisch abbrausen, trocken tupfen und die Filets halbieren. Die Karotten schälen, waschen, längs in dünne Scheiben, dann in feine Streifen schneiden. Den Lauch waschen, putzen und ebenfalls in etwa 10 cm lange, feine Streifen schneiden. Die Tomaten waschen, vierteln, entkernen und das Fruchtfleisch klein würfeln. Die Pilze putzen und in feine Scheiben schneiden. Das Basilikum waschen, trocken schütteln, die Blätter abzupfen und in feine Streifen schneiden. In eine kleine Schüssel geben und mit dem Zitronensaft und dem Öl vermengen.

Das vorbereitete Gemüse mittig auf vier ausreichend große Stücke Pergamentpapier geben, salzen, pfeffern und den Fisch darauflegen (Hautseite nach oben). Ebenfalls mit Salz und Pfeffer würzen. Alles mit dem Basilikumöl beträufeln, das Papier falten und zu Päckchen verschließen. Auf dem Blech im Ofen etwa 20 Minuten garen. Zum Servieren am besten auf Teller legen und erst am Tisch öffnen.

Tipp: Dazu passen geröstetes Brot, Reis oder Salzkartoffeln.

LACHS-GURKEN-PFANNE MIT DILL UND ANISLIKÖR

Für 4 Personen — Zubereitung: 15 Minuten — Garen: etwa 15 Minuten
Schwierigkeitsgrad: leicht

400 g küchenfertiges Lachsfilet (ohne Haut)
2 Salatgurken
2 Schalotten
2 EL Olivenöl
Salz, Pfeffer aus der Mühle
2 cl Anislikör
2–3 EL Zitronensaft
200 ml Gemüsebrühe
150 ml Sojasahne
4 Stängel Dill

Nährwerte pro Portion: 357 kcal/1494 kJ, 22,7 g EW, 25,1 g F, 6,2 g KH, 2,2 g Bst, 58 mg Chol, 0 BE

Den Lachs abbrausen, trocken tupfen und mundgerecht würfeln. Die Gurken schälen, längs halbieren, die Kerne herausschaben und die Hälften würfeln. Die Schalotten schälen und fein hacken.

In einer beschichteten Pfanne in 1 EL heißem Öl die Lachswürfel rundherum goldbraun anbraten. Mit Salz und Pfeffer würzen und wieder aus der Pfanne nehmen. Die Schalottenwürfel in der heißen Pfanne im restlichen Öl (1 EL) glasig anschwitzen. Die Gurken dazugeben und kurz mitschwitzen. Mit dem Anislikör und dem Zitronensaft ablöschen, die Brühe angießen und die Sojasahne einrühren. Etwa 5 Minuten leise köcheln lassen. Den Lachs zurück in die Pfanne geben und in der Sauce in 2–3 Minuten gar ziehen lassen. Nochmals abschmecken.

Den Dill abbrausen, trocken schütteln, abzupfen und fein hacken. Die Lachs-Gurken-Pfanne auf Teller verteilen, mit dem Dill bestreuen und servieren.

MAKRELENBRATLING AUF FENCHELSALAT

Für 4 Personen — Zubereitung: 35 Minuten — Garen: etwa 15 Minuten
Schwierigkeitsgrad: leicht

Für die Bratlinge

500 g küchenfertiges Makrelenfilet (ohne Haut)

1 altbackenes Dinkelbrötchen

50 ml Kochsahne

2 Eier

1 EL frisch gehackter Dill

Salz, Pfeffer aus der Mühle

etwa 100 g Dinkelbrotbrösel, mehr nach Bedarf

100 g Dinkelvollkornmehl

2 EL Rapsöl

Petersilienblätter zum Garnieren

Für den Fenchelsalat

2 Fenchelknollen

Salz, Pfeffer aus der Mühle

2 EL frischer Zitronensaft

3 EL Olivenöl

Nährwerte pro Portion: 630 kcal/2631 kJ, 35,8 g EW, 39 g F, 29,9 g KH, 8,2 g Bst, 60 mg Chol, 2 BE

Für die Bratlinge das Makrelenfilet waschen, trocken tupfen und würfeln. Das Brötchen zerkleinern und in der Sahne einweichen. Anschließend zusammen mit dem Fisch, einem Ei, dem Dill, Salz und Pfeffer im Mixer fein pürieren. Sollte die Masse zu weich sein, 1–2 EL Brösel untermengen. Mit Salz und Pfeffer abschmecken.

Für den Salat den Fenchel putzen, waschen, vierteln, vom harten Strunk befreien und den Fenchel in feine Streifen schneiden oder hobeln. In einer Schüssel mit Salz, Pfeffer, dem Zitronensaft und dem Öl vermengen, dann auf Tellern anrichten.

Das zweite Ei in einer flachen Schale verquirlen. Aus der Fischmasse vier Bratlinge formen, diese zuerst im Dinkelvollkornmehl, dann im verquirlten Ei und zuletzt in den Böseln wenden. In einer Pfanne im heißen Öl bei mittlerer Temperatur in etwa 15 Minuten goldbraun braten; dabei einmal wenden. Herausnehmen und die Makrelenbratlinge auf dem Fenchelsalat anrichten. Mit Petersilienblättchen garniert servieren.

SESAMLACHS MIT ASIA-BROKKOLI

Für 4 Personen — Zubereitung: 25 Minuten — Garen: etwa 20 Minuten
Schwierigkeitsgrad: leicht

600 g Brokkoli
Salz
2 Knoblauchzehen
8 Lachstranchen (à etwa 80 g, mit Haut)
Pfeffer
Sesamsamen zum Wälzen
1 EL Olivenöl
2 EL Sesamöl
2 TL frisch geriebener Ingwer
einige Chilistreifen
50 ml Gemüsebrühe
Abrieb und Saft von 1 unbehandelten Limette
Limettenspalten zum Garnieren

Nährwerte pro Portion: 405 kcal/1696 kJ, 37,9 g EW, 23,4 g F, 5,7 g KH, 5,1 g Bst, 92 mg Chol, 0 BE

Den Brokkoli putzen, waschen und in Röschen zerteilen. Diese in kochendem Salzwasser etwa 4 Minuten blanchieren, dann abseihen, abschrecken und gut abtropfen lassen. Den Knoblauch schälen und fein hacken. Den Lachs waschen, trocken tupfen, salzen, pfeffern und in Sesam wälzen.

Den Backofen auf 100 °C Umluft vorheizen. Inzwischen das Olivenöl in einer Pfanne erhitzen, die Lachstranchen darin auf der Hautseite goldbraun anbraten, dann wenden und auf der zweiten Seite ebenfalls braun braten. Auf eine hitzefeste Platte geben und im Ofen noch etwa 10 Minuten ziehen lassen (der Fisch soll innen noch glasig sein).

Während der Lachs gart, das Sesamöl im Wok erhitzen und den Knoblauch und den Ingwer darin anbraten. Den Brokkoli und die Chilistreifen dazugeben und unterrühren. Mit der Brühe ablöschen und das Gemüse mit Salz, Pfeffer sowie dem Limettensaft und -abrieb abschmecken. Den Brokkoli mit je zwei Lachsschnitten anrichten und mit Limettenspalten garniert servieren.

KABELJAUWÜRFEL MIT MIESMUSCHELN IN KOKOS-ZITRONENGRAS-SUD

Für 4 Personen — Zubereitung: 15 Minuten — Garen: etwa 20 Minuten
Schwierigkeitsgrad: leicht

1 Schalotte

1 Knoblauchzehe

4 Frühlingszwiebeln

2–3 Stängel Zitronengras (nur den weißen und hellgrünen Teil)

2 EL Olivenöl

1 EL gelbe Currypaste

600 ml Gemüsebrühe

200 ml Kokosmilch

200 ml Kokoswasser

2–3 EL frischer Zitronensaft

2 EL salzarme helle Sojasauce

Chilipulver

4 Tomaten

500 g Miesmuscheln

350 g küchenfertiges Kabeljaufilet (ohne Haut)

Koriandergrün zum Garnieren

Nährwerte pro Portion: 236 kcal/1000 kJ, 23,2 g EW, 10,7 g F, 11,3 g KH, 2 g Bst, 0,1 mg Chol, 0,5 BE

Die Schalotte und den Knoblauch schälen und fein hacken. Die Frühlingszwiebeln waschen, putzen und in Ringe schneiden. Das Zitronengras waschen, putzen und leicht schräg in feine Ringe schneiden. Alles zusammen in einem Topf im heißen Öl hell anschwitzen. Die Currypaste einrühren und kurz mitschwitzen, dann mit der Brühe, der Kokosmilch und dem Kokoswasser ablöschen. Mit Zitronensaft, Sojasauce und Chilipulver würzen. Alles bei niedriger Temperatur etwa 10 Minuten leise köcheln lassen.

Die Tomaten überbrühen, abschrecken, häuten, vierteln, entkernen und in Streifen schneiden. Die Muscheln gründlich putzen und waschen. Den Kabeljau abbrausen, trocken tupfen und in mundgerechte Stücke schneiden. Fisch und Muscheln zusammen mit den Tomaten in den Sud geben und darin etwa 5 Minuten gar ziehen bzw. heiß werden lassen, aber nicht mehr kochen.

Den Eintopf vor dem Servieren abschmecken, dann auf tiefe Teller verteilen und mit Koriandergrün garnieren. Dazu nach Belieben Fladenbrot reichen.

Vegetarische Hauptgerichte

BLUMENKOHL-SÜSSKARTOFFEL-CURRY

Für 4 Personen — Zubereitung: 20 Minuten — Garen: etwa 25 Minuten
Schwierigkeitsgrad: leicht

750 g Blumenkohl
750 g Süßkartoffeln
1 Stück frischer Ingwer (2–3 cm)
1 grüne Chilischote
1 Zwiebel
2 EL Olivenöl
2 TL gemahlene Kurkuma
1 TL gemahlener Kreuzkümmel
1 TL gemahlener Koriander
etwa 500 ml Gemüsebrühe
200 ml Kokosmilch
200 ml Kokoswasser
150 g rote Linsen
Saft von 1 Limette
Salz, Pfeffer aus der Mühle

Nährwerte pro Portion: 512 kcal/2158 kJ, 18,6 g EW, 11,2 g F, 75 g KH, 14,7 g Bst, 0,1 mg Chol, 6 BE

Den Blumenkohl putzen, abbrausen, abtropfen lassen und in Röschen zerteilen. Die Süßkartoffeln schälen, waschen und klein würfeln. Den Ingwer schälen und fein hacken. Die Chilischote waschen, putzen und fein würfeln. Die Zwiebel schälen, halbieren und in sehr feine Streifen schneiden.

In einem Topf im heißen Öl die Zwiebel zusammen mit den Chili- und Ingwerwürfeln glasig anschwitzen. Die gemahlenen Gewürze darüberstauben und kurz mitschwitzen, dann mit der Brühe, der Kokosmilch und dem Kokoswasser ablöschen. Das vorbereitete Gemüse sowie die abgebrausten Linsen dazugeben und alles unter gelegentlichem Rühren in etwa 20 Minuten leise gar schmoren lassen.

Das Curry mit Limettensaft, Salz und Pfeffer abschmecken und auf Schälchen verteilt servieren.

DINKELSPAGHETTI MIT KAROTTEN UND FETA

Für 4 Personen — Zubereitung: 30 Minuten — Garen: etwa 20 Minuten
Schwierigkeitsgrad: leicht

400 g Dinkelspaghetti

Salz

500 g Karotten

1 Knoblauchzehe

2 EL Olivenöl

100 ml frischer Orangensaft

2 EL frisch gehackte Petersilie

Pfeffer aus der Mühle

2–3 EL zerbröckelter Feta

2 EL Sesamsamen, geröstet

Nährwerte pro Portion: 556 kcal/2350 kJ, 16,4 g EW, 14,8 g F, 85,6 g KH, 8,4 g Bst, 5,2 mg Chol, 6,5 BE

Die Nudeln in kochendem Salzwasser al dente garen. Inzwischen die Karotten schälen und der Länge nach in dünne Scheiben hobeln. Den Knoblauch schälen, fein hacken und in einer großen Pfanne im heißen Öl glasig anschwitzen. Die Karotten dazugeben und kurz mitschwitzen. Dann den Orangensaft angießen und die Karotten bei mittlerer Temperatur 3–4 Minuten garen, bis der Saft fast vollständig verdampft ist.

Die Nudeln abseihen, abtropfen lassen und mit der Petersilie zu den Karotten in die Pfanne geben. Alles salzen, pfeffern, durchschwenken und auf Tellern anrichten. Mit Fetastückchen und geröstetem Sesam bestreut servieren.

GEMÜSEPFANNE MIT KÜRBIS, SPINAT UND KICHERERBSEN

Für 4 Personen — Zubereitung: 20 Minuten — Garen: etwa 20 Minuten
Schwierigkeitsgrad: leicht

600 g Hokkaidokürbis
1 kleine Zwiebel
1 Knoblauchzehe
etwa 150 g frischer Blattspinat
1 Dose Kichererbsen (250 g Abtropfgewicht)
60 g Walnusskerne
3 EL Olivenöl
Salz, Pfeffer aus der Mühle
1 Msp. gemahlener Ingwer
½ TL gemahlener Kreuzkümmel
200 ml Gemüsebrühe

Nährwerte pro Portion: 344 kcal/1439 kJ, 10,1 g EW, 22,6 g F, 20,8 g KH, 7,8 g Bst, 0,1 mg Chol, 1 BE

Den Kürbis waschen (nicht schälen), halbieren, entkernen und in 2 cm große Würfel schneiden. Die Zwiebel und den Knoblauch schälen und fein hacken. Den Spinat verlesen, waschen und abtropfen lassen. Die Kichererbsen abseihen und abtropfen lassen. Die Nüsse grob hacken.

In einer großen Pfanne die Zwiebel und den Knoblauch im heißen Öl anschwitzen. Den Kürbis hinzufügen und unter gelegentlichem Wenden etwa 10 Minuten mitbraten. Mit Salz, Pfeffer, Ingwer und Kreuzkümmel würzen, dann die Brühe angießen und alles zugedeckt weitere 10 Minuten garen. Anschließend den Spinat untermischen und zusammenfallen lassen, dann die Kichererbsen hinzufügen und erhitzen.

Das Gemüse abschmecken, auf Teller verteilen und mit den Nüssen bestreut servieren.

KÜRBIS-KARTOFFEL-GULASCH

Für 4 Personen — Zubereitung: 20 Minuten — Garen: etwa 30 Minuten
Schwierigkeitsgrad: leicht

500 g vorwiegend festkochende Kartoffeln
500 g Kürbis (z.B. Hokkaido)
2 rote Paprikaschoten (etwa 200 g)
1 Zwiebel
1–2 Knoblauchzehen
4 EL Olivenöl
1 TL Currypulver
450 ml Gemüsebrühe
150 ml Tomatensaft
Salz, Pfeffer aus der Mühle
gemahlener Kümmel
Cayennepfeffer
1 TL gehackte Petersilie

Nährwerte pro Portion: 303 kcal/1274 kJ, 5,2 g EW, 15,4 g F, 31,9 g KH, 6,5 g Bst, 0,2 mg Chol, 2 BE

Die Kartoffeln schälen, waschen und würfeln. Den Kürbis waschen, je nach Sorte schälen (siehe Tipp), entkernen und das Fruchtfleisch ebenfalls in mundgerechte Stücke schneiden. Die Paprika waschen, putzen und würfeln. Die Zwiebel und den Knoblauch schälen und fein hacken.

In einem Topf die Zwiebel und den Knoblauch im heißen Öl anbraten. Die Kartoffeln, den Kürbis und die Paprikastücke dazugeben und kurz mitbraten. Mit Curry bestauben, die Brühe und den Tomatensaft angießen, mit Salz und Pfeffer würzen. Das Gemüse etwa 25 Minuten leise köcheln lassen, bis es weich ist. Mit Kümmel, Cayennepfeffer und Salz abschmecken. Auf tiefe Teller verteilen und mit Petersilie bestreut servieren.

Tipp: Hokkaidokürbisse müssen im Gegensatz zu den meisten anderen Kürbissen nicht geschält werden. Ihre orangerote Schale wird beim Kochen butterweich und verleiht Gerichten eine appetitliche Farbe.

VOLLKORNPENNE MIT BASILIKUMPESTO UND PINIENKERNEN

Für 4 Personen — Zubereitung: 20 Minuten — Garen: etwa 10 Minuten
Schwierigkeitsgrad: leicht

50 g Pinienkerne
2 Handvoll Basilikum
etwa 80 ml Olivenöl
Salz, Pfeffer aus der Mühle
1–2 EL frischer Zitronensaft
400 g Dinkelvollkornpenne

Nährwerte pro Portion: 623 kcal/2624 kJ, 16,7 g EW, 29,5 g F, 68,3 g KH, 1,6 g Bst, 0,2 mg Chol, 5,5 BE

Für das Pesto die Pinienkerne in einer beschichteten Pfanne ohne Fettzugabe duftend anrösten. Herausnehmen und kurz abkühlen lassen. Das Basilikum waschen, trocken schütteln, die Blätter abzupfen und grob schneiden. Zusammen mit 30 g der gerösteten Pinienkerne im Mixer pürieren, dabei nach und nach das Olivenöl dazugeben. Weiter mixen, bis das Pesto eine cremige Konsistenz hat. Mit Salz, Pfeffer und Zitronensaft abschmecken. Beiseitestellen.

Die Nudeln in kochendem Salzwasser in 8–10 Minuten bissfest garen. Abseihen und noch tropfnass mit dem Pesto vermengen. Abschmecken, auf Teller verteilen und mit den restlichen Pinienkernen bestreut servieren.

ZUCCHININUDELN MIT AVOCADO UND TOMATEN

Für 4 Personen — Zubereitung: 25 Minuten — Garen: etwa 10 Minuten
Schwierigkeitsgrad: leicht

900 g junge Zucchini
2 reife Avocados
100 ml Reisdrink (natur)
Salz, Pfeffer aus der Mühle
½ TL edelsüßes Paprikapulver
300 g Kirschtomaten
4 EL Olivenöl
1 Schalotte
2 Knoblauchzehen
50 ml Gemüsebrühe
Abrieb und Saft von ½ unbehandelten Zitrone
2 EL gehackte glatte Petersilie

Nährwerte pro Portion: 330 kcal/1384 kJ, 7,3 g EW, 24,3 g F, 16,8 g KH, 5,7 g Bst, 0,2 mg Chol, 1 BE

Tipp: Verfeinern Sie die Gemüsenudeln vor dem Servieren nach Belieben noch mit gerösteten Mandelblättchen oder veganem Parmesan.

Die Zucchini waschen, putzen und mit dem Spiralschneider in Spaghetti schneiden. Die Avocados halbieren und entkernen. Das Fruchtfleisch aus der Schale lösen, mit dem Reisdrink in ein hohes Rührgefäß geben und mit dem Stabmixer fein pürieren. Mit Salz, Pfeffer und Paprikapulver würzen.

Die Tomaten waschen und trocken tupfen. In einer Pfanne 2 EL Öl erhitzen, die Tomaten hinzufügen und 2–3 Minuten garen, dann mit Salz und Pfeffer würzen und beiseitestellen. Die Schalotte und den Knoblauch schälen und klein würfeln. In einer zweiten Pfanne das restliche Öl (2 EL) erhitzen und die Schalottenwürfel darin hell anschwitzen. Die Zucchinispaghetti und den Knoblauch dazugeben und etwa 4 Minuten mitschwitzen, dann mit der Brühe ablöschen und die Avocadocreme unterrühren. Die Gemüsenudeln mit Salz, Pfeffer, Zitronenabrieb und -saft würzen, alles noch 3–4 Minuten garen, dann die Tomaten untermischen.

Die Zucchinispaghetti auf vorgewärmten Tellern anrichten, mit der Petersilie bestreuen und servieren.

GRÜNES WOKGEMÜSE MIT CASHEWKERNEN

Für 4 Personen — Zubereitung: 20 Minuten — Garen: etwa 10 Minuten
Schwierigkeitsgrad: leicht

350 g Zuckerschoten
8 Frühlingszwiebeln
500 g Brokkoliröschen
2 Knoblauchzehen
1 Stück frischer Ingwer (2–3 cm)
1 rote Chilischote
50 g Cashewkerne
2 EL Olivenöl
200 ml Gemüsebrühe
3–4 EL helle Sojasauce
1 TL Speisestärke
2 Handvoll junger Spinat
Pfeffer aus der Mühle

Nährwerte pro Portion: 273 kcal/1145 kJ, 129 g EW, 9,1 g F, 20,7 g KH, 9,2 g Bst, 0,1 mg Chol, 1,5 BE

Die Zuckerschoten, die Frühlingszwiebeln und den Brokkoli waschen, putzen und gut abtropfen lassen. Die Zuckerschoten schräg halbieren oder dritteln. Die Frühlingszwiebeln ebenfalls schräg in Stücke schneiden. Den Brokkoli in Scheiben schneiden. Den Knoblauch und den Ingwer schälen und fein hacken. Die Chilischote waschen, halbieren, putzen und fein hacken. Die Cashewkerne im Wok anrösten und wieder herausnehmen.

Das Öl in den Wok geben und den Knoblauch mit den Ingwer- und Chiliwürfeln darin anschwitzen. Den Brokkoli und die Zuckerschoten untermischen und unter Rühren 2–3 Minuten braten. Anschließend die Frühlingszwiebeln hinzufügen und weitere 2 Minuten mitbraten, dann alles mit der Brühe ablöschen. Das Gemüse etwa 2 Minuten garen, sodass es noch leichten Biss hat. In einer Tasse 2 EL Sojasauce mit der Stärke anrühren, unter Rühren unter das Wokgemüse mischen und leicht binden lassen. Den Spinat waschen, putzen und trocken schleudern. Unter das Gemüse mengen. Das Wokgemüse mit der restlichen Sojasauce (1–2 EL) und Pfeffer abschmecken. Auf Teller verteilen und mit den Cashewkernen bestreut servieren.

BUTTERNUSSKÜRBIS-CONFIT MIT OLIVEN UND SALBEI

Für 4 Personen — Zubereitung: 25 Minuten — Backen: etwa 45 Minuten
Schwierigkeitsgrad: leicht

500 g Butternusskürbis
50 ml Olivenöl
Saft von ½ Orange
Salz
Cayennepfeffer
1 Msp. Vanillemark
1 Prise Chilipulver
3–4 rote Zwiebeln
5–6 Knoblauchzehen
120 g schwarze Oliven (aus dem Glas), nach Belieben entsteint
1 Handvoll Salbeiblätter

Nährwerte pro Portion: 224 kcal/940 kJ, 3,2 g EW, 15,8 g F, 13,6 g KH, 5,8 g Bst, 0,1 mg Chol, 0 BE

Den Backofen auf 200 °C Ober-/Unterhitze vorheizen. Den Kürbis waschen, halbieren und entkernen (nach Belieben schälen), in Spalten schneiden und diese in eine Schüssel geben. In einer weiteren Schüssel das Öl mit dem Orangensaft, Salz, Cayennepfeffer, dem Vanillemark und dem Chilipulver verrühren, dann mit dem Kürbis vermengen. Die Kürbisspalten in eine Auflaufform geben und im Ofen 10–15 Minuten backen.

Inzwischen die Zwiebeln schälen und in grobe Stücke teilen. Den Knoblauch schälen und andrücken. Die Oliven abseihen und abtropfen lassen. Den Salbei abbrausen und trocken schütteln. Alles unter den Kürbis mischen und weitere 25–30 Minuten backen. Herausnehmen und in der Form servieren.

DINKELRISOTTO MIT FRÜCHTEN UND NÜSSEN (AUS DEM IRAN)

Für 4 Personen — Zubereitung: 20 Minuten — Garen: etwa 1 Stunde 15 Minuten
Schwierigkeitsgrad: leicht

250 g Perldinkel

30 g getrocknete Aprikosen (ungeschwefelt)

2 Zwiebeln

2 EL Olivenöl

50 g Rosinen

Zesten und Saft von 1 unbehandelten Orange

1 EL Cashewkerne

1 EL Pinienkerne

etwa 500 ml Gemüsebrühe, mehr nach Bedarf

Salz, Pfeffer aus der Mühle

1 EL gehacktes Koriandergrün

1 EL gehackte Petersilie

Nährwerte pro Portion: 436 kcal/1837 kJ, 10,9 g EW, 14,6 g F, 60,1 g KH, 9,6 g Bst, 0,1 mg Chol, 5 BE

In einem Topf die Dinkelkörner mit Wasser bedeckt aufkochen und etwa 15 Minuten leise simmern lassen. Dann abseihen und gut abtropfen lassen. Den Backofen auf 180 °C Umluft vorheizen. Die Aprikosen hacken. Die Zwiebeln schälen, halbieren und in Streifen schneiden.

In einer ofenfesten Form die Zwiebeln im heißen Öl glasig anschwitzen. Den Dinkel, die Aprikosen, die Rosinen, den Orangensaft und die Zesten, die Cashew- und Pinienkerne sowie die Brühe untermengen und aufkochen lassen. Mit Salz und Pfeffer würzen, dann zugedeckt im Ofen etwa 30 Minuten garen.

Den Risotto aus dem Ofen nehmen, umrühren und nach Bedarf noch etwas Brühe hinzufügen. Zugedeckt in weiteren 30 Minuten gar kochen. Abschmecken und mit den gehackten Kräutern bestreut servieren.

Desserts

WASSERMELONEN-DATTEL-SALAT

Für 4 Personen — Zubereitung: 15 Minuten — Ziehen: etwa 20 Minuten
Schwierigkeitsgrad: leicht

1 kg kernarme Wassermelone
2 Datteln
Abrieb und Saft von 1 unbehandelten Limette
1 TL Akazienhonig
40 g Pistazienkerne
Minze zum Garnieren

Nährwerte pro Portion: 374 kcal/1564 kJ 5 g EW 6,8 g F 66,2 g KH 7,5 g Bst 0 mg Chol 5,5 BE

Die Wassermelone halbieren und mit einem Kugelausstecher kleine Kugeln ausstechen. In eine Schüssel geben. Die Datteln entsteinen und in Stücke schneiden. In einer weiteren Schüssel mit dem Limettenabrieb, dem Limettensaft und dem Honig verrühren, dann unter die Melonenkugeln mengen. Etwa 20 Minuten im Kühlschrank ziehen lassen.

Inzwischen die Pistazienkerne in einer beschichteten Pfanne ohne Fettzugabe leicht rösten, herausnehmen und hacken. Den Wassermelonensalat auf Schälchen verteilen, mit den Pistazien bestreuen und mit Minze garniert servieren.

JOGHURTMOUSSE MIT FRISCHEN HIMBEEREN

Für 4 Personen — Zubereitung: 15 Minuten — Schwierigkeitsgrad: leicht

250 g Himbeeren
400 g Naturjoghurt (1,5 % Fett)
3 EL Honig
1 Eiweiß
2 Löffelbiskuits

Nährwerte pro Portion: 120 kcal/510 kJ, 7,4 g EW, 0,3 g F, 19,5 g KH, 2,9 g Bst, 0 mg Chol, 1,5 BE

Die Himbeeren verlesen. In einer Schüssel den Joghurt mit dem Honig glatt verrühren. Das Eiweiß steif aufschlagen und unterheben. Die Löffelbiskuits in kleine Stücke brechen und in die Joghurtcreme rühren. In Gläser verteilen und mit den Himbeeren auffüllen. Sofort servieren.

Tipp: Himbeeren sollte man nach Möglichkeit nicht waschen. Bei Bedarf kann man sie jedoch in einem Sieb durch vorsichtiges Eintauchen in kaltes Wasser reinigen und auf Küchenpapier abtropfen lassen.

KIWI-JOGHURT-DESSERT

Für 4 Personen — Zubereitung: 15 Minuten — Schwierigkeitsgrad: leicht

8 Kiwis
4 EL Birkenzucker
4 EL Chiasamen
100 ml aufschlagbare Sojasahne
100 g Sojajoghurt
4 Brombeeren
Minze zum Garnieren

Nährwerte pro Portion: 275 kcal/1142 kJ, 7,6 g EW, 11,5 g F, 34,1 g KH, 12,1 g Bst, 0 mg Chol, 3 BE

Die Kiwis schälen und zusammen mit dem Birkenzucker mit dem Stabmixer pürieren. Die Chiasamen unterrühren und die Kiwimasse in vier Gläser füllen.

Die Sojasahne aufschlagen und unter den Joghurt heben. Die Sojacreme auf die Kiwimasse geben und das Dessert bis zum Servieren kalt stellen. Mit je einer Brombeere und etwas Minze garniert servieren.

MILCHREIS MIT WALDBEERGRÜTZE UND MANDELN

Für 4 Personen — Zubereitung: 20 Minuten — Garen: etwa 55 Minuten
Schwierigkeitsgrad: leicht

Für die Grütze

400 g gemischte Waldbeeren (frisch oder TK-Ware)
3–4 EL Honig
Mark von 1 Vanilleschote
1 TL frischer Zitronensaft
100 ml trockener Rotwein
100 ml klarer Apfelsaft
1 EL Speisestärke

Für den Milchreis

1 Vanilleschote
etwa 600 ml Milch (1,5 % Fett)
2–3 EL Honig
1 Prise Salz
200 g Milchreis
2 EL gehackte Mandeln
2 EL Mandelblättchen

Nährwerte pro Portion: 504 kcal/2125 kJ, 12,6 g EW, 11,4 g F, 81,1 g KH, 6,9 g Bst, 6 mg Chol, 7 BE

Für die Grütze in einem Topf die Beeren mit allen übrigen Zutaten bis auf die Stärke zum Kochen bringen und bei mittlerer Temperatur 10–15 Minuten köcheln lassen. Mit der in wenig kaltem Wasser angerührten Speisestärke binden und erkalten lassen.

Für den Milchreis die Vanilleschote längs aufschneiden und das Mark herausschaben. Zusammen mit der Schote in einen Topf geben und die Milch angießen. Den Honig und das Salz hinzufügen. Aufkochen lassen und den Reis einstreuen. Den Herd ausschalten und den Milchreis zugedeckt in etwa 40 Minuten gar quellen lassen. Die Vanilleschote entfernen. Den Reis leicht abkühlen lassen.

Die gehackten Mandeln in einer beschichteten Pfanne ohne Fettzugabe unter Rühren goldbraun rösten, dann herausnehmen. Den Milchreis in Schalen anrichten, mit der Grütze übergießen und mit Mandelblättchen und gerösteten Mandeln bestreut servieren.

FROZEN JOGHURT MIT MELONE UND PISTAZIEN

Für 6–8 Portionen — Zubereitung: 30 Minuten — Gefrieren: etwa 30 Minuten
Schwierigkeitsgrad: leicht

500 g Naturjoghurt (1,5 % Fett)
50 g Xylit (siehe Tipp)
50 ml Sahne
½ Cantaloupe-Melone
1–2 EL frischer Limettensaft
½ TL Abrieb von 1 unbehandelten Limette
2 EL Honig
40 g Pistazienkerne
80 g steif geschlagene Sahne (nach Belieben)

Nährwerte pro Portion bei 8 Portionen: 160 kcal/669 kJ, 5,1 g EW, 7,9 g F, 19 g KH, 0,8 g Bst, 0 mg Chol, 1,5 BE

In einer Schüssel den Joghurt mit dem Xylit verrühren. Die Sahne steif schlagen und unterheben. Die Masse in einer Eismaschine in etwa 30 Minuten cremig gefrieren lassen. (Alternativ die Masse in eine Schüssel geben und für mindestens 4 Stunden ins Gefrierfach stellen; dabei alle 30 Minuten kräftig durchrühren, damit möglichst feine Eiskristalle entstehen.)

Währenddessen das Fruchtfleisch der Melone auslösen und klein würfeln. In einer Schüssel mit dem Limettensaft und -abrieb sowie dem Honig vermischen. Die Pistazien klein hacken und 1 EL davon unter die Melone mischen.

Zum Servieren das Eis in einen Spritzbeutel füllen (oder mit einem Eisportionierer Kugeln abstechen). Etwas Eiscreme in die Gläser geben, den Melonensalat darauf verteilen und das übrige Eis daraufgeben. Nach Belieben mit Schlagsahne garnieren. Mit den restlichen Pistazien bestreuen und sofort servieren.

Tipp: Xylit ist ein kalorienarmer Zuckeraustauschstoff. Er lässt sich durch 2–3 EL Honig oder Ahornsirup ersetzen.

SEIDENTOFU-KAISERSCHMARRN

Für 4 Personen — Zubereitung: 20 Minuten — Ruhen: etwa 15 Minuten
Garen: etwa 15 Minuten — Schwierigkeitsgrad: leicht

280 g Seidentofu
4 EL Agavendicksaft
1 Prise Salz
½ TL Vanillezucker
Abrieb und Saft von ½ unbehandelten Zitrone
2 EL Rapsöl
110 g Vollkorndinkelmehl
3 EL Speisestärke
1 TL Backpulver
3 EL Sojamilch
50 g Rosinen
Pflanzenöl zum Braten
Puderzucker zum Bestauben

Nährwerte pro Portion: 352 kcal/1366 kJ, 8 g EW, 9,6 g F, 49,6 g KH, 3,7 g Bst, 0 mg Chol, 4 BE

In einer Rührschüssel den Seidentofu zusammen mit dem Dicksaft fein pürieren. Das Salz, den Vanillezucker, den Zitronensaft und -abrieb sowie das Öl hinzufügen. In einer weiteren Schüssel das Mehl mit der Stärke und dem Backpulver vermischen. Zusammen mit der Sojamilch in die Tofumasse rühren. Die Rosinen hinzufügen und den Teig etwa 15 Minuten quellen lassen.

In einer beschichteten Pfanne etwas Öl erhitzen. Den Teig durchrühren und in die Pfanne gießen. Bei mittlerer Temperatur zugedeckt garen, bis die Oberfläche gestockt ist, dann vorsichtig wenden. Den Teig mit zwei Gabeln oder Pfannenwendern in Stücke zupfen und eventuell noch etwas länger backen, falls er innen noch feucht ist. Auf Teller verteilen und mit Puderzucker bestaubt servieren.

Tipp: Dazu passt Apfelmus.

KAROTTENKUCHEN MIT ZITRONENGUSS UND CRANBERRYS

Für 1 Kranzform bzw. für etwa 16 Stück — Zubereitung: 30 Minuten — Backen: etwa 50 Minuten
Schwierigkeitsgrad: leicht

weiche Butter für die Backform
3 Karotten
5 Eier
80 g Xylit (oder Zucker)
1 Msp. Salz
Abrieb und Saft von 1 unbehandelten Zitrone
250 g Mandeln, gemahlen
75 g Kastanienmehl
75 g Kartoffelstärke
1 TL gemahlener Zimt
120 g getrocknete Cranberrys

Zum Garnieren

80 g Xylit-Puderzucker (oder Puderzucker)
1–2 TL frischer Zitronensaft
40 g getrocknete Cranberrys, grob gehackt

Nährwerte pro Stück: 224 kcal/934 kJ, 5,8 g EW, 10,6 g F, 26,4 g KH, 4,2 g Bst, 75,4 mg Chol, 2 BE

Den Backofen auf 180 °C Umluft vorheizen. Die Backform mit Butter auspinseln. Die Karotten schälen, waschen und fein raspeln; in eine Schüssel geben. Die Eier trennen. In einer großen Rührschüssel das Eigelb mit einem Drittel des Xylits, dem Salz sowie dem Zitronenabrieb und -saft schaumig rühren. Das Eiweiß steif schlagen, dabei das restliche Xylit einrieseln lassen und weiterschlagen, bis ein schnittfester Eischnee entstanden ist.

Die Mandeln mit dem Kastanienmehl, der Stärke, dem Zimt und den Cranberrys zu den Karottenraspeln geben und alles gut vermengen. Diese Mischung zusammen mit einem Drittel des Eischnees zum Eigelb in die Schüssel geben und sehr gut unterrühren. Den restlichen Eischnee daraufgeben und vorsichtig unterheben.

Den Teig in die Kranzform füllen, glatt streichen und im vorgeheizten Ofen etwa 50 Minuten backen. Mit einem in die Mitte gesteckten Holzstäbchen prüfen, ob der Kuchen gar ist; das Stäbchen sollte beim Herausziehen sauber sein. Sollte der Kuchen zu dunkel werden, mit Alufolie abdecken. Den Kuchen aus dem Ofen nehmen, etwas abkühlen lassen, auf ein Kuchengitter stürzen und vollständig auskühlen lassen.

Zum Verzieren den Xylit-Puderzucker mit dem Zitronensaft zu einem Guss verrühren, über den Kuchen träufeln und mit grob gehackten Cranberrys bestreuen. Vor dem Servieren gut trocknen lassen.

Anhang

REZEPTREGISTER

NÜTZLICHE LINKS

Weiterführende Informationen, Neues aus der Forschung, Interessantes und Nützliches rund um das Thema Alzheimer finden Sie im Internet. Die folgenden Adressen stellen nur eine kleine Auswahl des umfangreichen Angebots im Netz dar:

- www.alzheimer.de
- www.deutsche-alzheimer.de (Deutsche Alzheimer Gesellschaft e.V. Selbsthilfe Demenz)
- www.wegweiser-demenz.de
- www.demenz.behandeln.de
- www.alz.org/de (Alzheimer's Association)
- www.alzheimer-forschung.de (Alzheimer Forschung Initiative e.V.)
- www.gesundheit.de
- www.gesundheitsinformation.de
- www.dge.de (Deutsche Gesellschaft für Ernährung e.V. DGE)
- www.ernaehrung.de

Online-Rechner zur Ermittlung des Body Mass Index:

- www.bmi3d.de
- www.bmi-rechner.biz
- www.bzfe.de (Bundeszentrum für Ernährung)

Impressum
Verantwortlich: Sonya Mayer
Umschlaggestaltung, Layout und Satz: A flock of sheep
Redaktion: Monika Judä
Korrektur: Martin Thorn
Repro: LUDWIG:media
Herstellung: Bettina Schippel, Stephanie Schlemmer
Text (Einleitung und Tipps in den Rezepten): Monika Judä
Rezepte: StockFood
Fotografie: siehe Bildnachweis rechte Spalte
Printed in Slovenia by Florjancic

Unser komplettes Programm finden Sie unter:

www.christian-verlag.de

Sind Sie mit diesem Titel zufrieden? Dann würden wir uns über Ihre Weiterempfehlung freuen.

Erzählen Sie es im Freundeskreis, berichten Sie Ihrem Buchhändler oder bewerten Sie bei Onlinekauf. Und wenn Sie Kritik, Korrekturen, Aktualisierungen haben, freuen wir uns über Ihre Nachricht an:

Christian Verlag
Postfach 40 02 09, D-80702 München
oder per E-Mail an lektorat@verlagshaus.de

Die Deutsche Nationalbibliothek verzeichnet diese Publikation in der Deutschen Nationalbibliografie; detaillierte bibliografische Daten sind im Internet über http://dnb.d-nb.de abrufbar.

ISBN 978-3-95961-287-6

Bildnachweis
Cover: StockFood / Great Stock!; Buchrückseite (links): StockFood / Dobránska, Renáta; Buchrückseite (rechts): StockFood / Kleine Holthaus, Thorsten
Seite 5: shutterstock / Axel Bueckert; Seite 6: shutterstock / Rocketclips, Inc.; Seite 11: shutterstock / kurhan; Seite 13: shutterstock / Foxys Forest Manufacture; Seite 20: shutterstock /Jenny Sturm; Seite 22: shutterstock / MK photograp55; Seite 27: shutterstock / Photographee.eu; Seite 29: shutterstock / OKcamera; Seite 33: StockFood / Taube, Franziska; Seite 35: StockFood / Gräfe & Unzer Verlag / Zanin, Melanie; Seite 37: StockFood / Eising Studio – Food Photo & Video; Seite 39: StockFood / Zabert Sandmann Verlag / Kramp + Gölling; Seite 41: StockFood / Haurylik, Alena; Seite 43: StockFood / Cazals, Jean; Seite 45: StockFood / Bergmann, Meike; Seite 49: StockFood / Leoni, Ira; Seite 51: StockFood / Schindler, Martina; Seite 53: StockFood / Riou, Jean-Christophe; Seite 55: StockFood / Major, Tanja; Seite 57: StockFood / Sporrer/Skowronek; Seite 59: StockFood / Gräfe & Unzer Verlag / Lang, Coco; Seite 61: StockFood / JKey Photo; Seite 65: StockFood / Westermann & Buroh Studios; Seite 67: StockFood / The Picture Pantry; Seite 69: StockFood / Gräfe & Unzer Verlag / Schardt, Wolfgang; Seite 71: StockFood / Gräfe & Unzer Verlag / Riis, René; Seite 73: StockFood / Firmston, Victoria; Seite 75: StockFood / Proffitt, Laurie; Seite 77: StockFood / Adsbol, Mikkel; Seite 81: StockFood / Westermann, Jan-Peter; Seite 83: StockFood / Nieschlag, Lisa; Seite 85: StockFood / Gräfe & Unzer Verlag / mona binner photographie; Seite 87: StockFood / PhotoCuisine / Studio; Seite 89: StockFood / Castilho, Rua; Seite 91: StockFood / Jalag / Neubauer, Mathias; Seite 93: StockFood / Castilho, Rua; Seite 97: StockFood / Studio R. Schmitz; Seite 99: StockFood / Bender, Uwe; Seite 101: StockFood / Bauer Syndication; Seite 103: StockFood / Gräfe & Unzer Verlag / Kramp + Gölling; Seite 105: StockFood / Castilho, Rua; Seite 107: StockFood / Gräfe & Unzer Verlag / Rynio, Jörn; Seite 109: StockFood / Wissing, Michael; Seite 111: StockFood / Westermann, Jan-Peter; Seite 113: StockFood / Alack, Chris; Seite 115: StockFood / Gräfe & Unzer Verlag / Eising Studio; Seite 117: StockFood / Westermann, Jan-Peter; Seite 121: StockFood / Erricson, Colin; Seite 123: StockFood / Gründemann, Eva; Seite 125: StockFood / Cazals, Jean; Seite 127: StockFood / Gräfe & Unzer Verlag / Walsh, Nicky; Seite 129: StockFood / Gründemann, Eva; Seite 131: StockFood / Gräfe & Unzer Verlag / Peters, Janne; Seite 133: StockFood / Gräfe & Unzer Verlag / Schardt, Wolfgang; Seite 135: StockFood / és-cuisine; Seite 137: StockFood / Heinze, Winfried; Seite 141: StockFood / Peters, Ina; Seite 143: StockFood / Panella, Alexandra; Seite 145: StockFood / Wischnewski, Jan; Seite 147: StockFood / Aksakova, Valeria; Seite 149: StockFood / Hildebrandt, Esther; Seite 150: StockFood / Gräfe & Unzer Verlag / Zanin, Melanie; Seite 153: StockFood / Great Stock!

Ebenfalls erhältlich ...

ISBN 978-3-95961-250-0

ISBN 978-3-95961-251-7

ISBN 978-3-95961-286-9